JN261033

高山正也　植松貞夫　監修
新・図書館学シリーズ ８

改訂
専門資料論

〈編集〉戸田 光昭

金　容媛　澤井　清
玉手 匡子　仁上 幸治
共　著

樹村房
JUSONBO

〈執筆分担〉（執筆順）

玉手匡子	第1章-1，第2章-1，第3章-1
金　容媛	第1章-2，第2章-2，第3章-2
澤井　清	第1章-3，第2章-3，第3章-3
仁上幸治	第1章-4，第2章-4，第3章-4
戸田光昭	第4章

監修者の言葉

　1950年に成立した現「図書館法」により，わが国の図書館員の養成が本格的に大学レベルで実施され始めて以来，この約半世紀の間に，図書館をとりまくわが国の社会環境も，図書館も大きく変貌した。館数，施設，蔵書構成など，わが国の図書館環境の整備は世界に誇れる大きな成果ではあるが，図書館サービスそれ自体の水準は日本社会の歴史的，社会的な通念を始め，多くの要因のために，未だ世界の第一級の水準とは言い難い面もある。しかし，情報社会の到来を目前に控え，新しい時代の情報専門職にふさわしい，有能で，社会的にリーダーシップのとれる図書館員の養成は社会的急務である。

　わが国の図書館職員，特に公共図書館職員の養成の主流となってきたのは，「図書館法」で定められた司書資格取得のための司書講習の規定であった。この司書講習や講習科目に基づく司書課程を開講し，図書館職員の養成にかかわる大学数も，受講する学生数もこの約半世紀の間に激増した。このような状況の下で，司書養成の内容の改善も両三度図られた。教育の改善は，教育内容と教育時間の両面での充実が考えられるが，今回（1996年）の改訂では，実質的な図書館学の教育時間の増大は図られなかったに等しい。このため教育科目の再構成と各科目内容の充実をもって，司書養成の充実を図ることになった。ここに「図書館法施行規則」の改正による教育科目の再構成が行われたが，一方，各科目の内容の充実は開講校と科目担当者に委ねられることとなった。

　このために図書館学の新教育科目群に対応し，科目担当者の努力を助け，補完し，併せて受講者の理解を深め，学習効果を高めるために，充実した各科目専門テキスト・教材の整備が，従来に増して，必要不可欠になった。

　わが樹村房の「図書館学シリーズ」は昭和56年の刊行以来，わが国の司書養成のための図書館学のテキストとして，抜群の好評を博し，版を重ねた実績をもつ。そこで今回の司書養成の新教育体制への移行に際し，省令の新科目群に対応した「新・図書館学シリーズ」を刊行することとした。

　「新・図書館学シリーズ」の刊行にあたっては，基本的に旧「図書館学シリーズ」の基本方針を踏襲した。すなわち，「図書館学は実学である」との理

念の下にアカデミズムのもつ観念的内容とプロフェッショナリズムのもつ実証的技術論を統合し、さらに網羅すべき内容を大学教育での時間の枠に納める調整も行った。また養成される司書には、高学歴化、情報化した社会における知的指導者として、幅広い一般教養、語学力、さらに特定分野の主題専門知識も期待されている。本シリーズでは、この困難な要求に応えるべく、単独著者による執筆ではなく、教育と実務の両面について知識と経験を有する複数の著者グループによる討議を通じて執筆するという旧シリーズの方針を踏襲することとした。

　幸いにして、この方針は出版者、木村繁氏の了承されるところとなり、旧「図書館学シリーズ」の編集・執筆に携わった人々の経験と旧シリーズの伝統に加え、さらに新設科目や、内容の更新や高度化に対応すべく、斯界の中堅、気鋭の新人の参加をも得て、最新の情報・知識・理論を盛り込み、ここに「新・図書館学シリーズ」第一期分、12冊を刊行することとなった。

　本シリーズにおける我々の目標は、決して新奇な理論書に偏さず、科目担当者と受講者の将来の図書館への理想と情熱を具体化するため、正統な理論的知識と未知の状況への対応能力を養成するための知的基盤を修得する教材となることにある。本シリーズにより、来るべき時代や社会環境の中での求められる図書館職員の養成に役立つテキストブックが実現できたと自負している。また、併せて、本シリーズは、学生諸君のみならず、図書館職員としての現職の方々にもその職務に関する専門書として役立つことを確信している。読者各位の建設的なご意見やご支援を心からお願い申しあげます。

　1997年7月

監修者　前島重方
高山正也

改訂の序

　本書の初版は1998(平成10)年2月に発行されたが，それからすでに4年以上を経過した。その間，インターネットの普及は，日本においても，とどまるところを知らず，ついにその普及世帯数は米国に次いで，世界第2位にまで到達した。発展途上国やアジア諸国における普及も急速に伸びており，世界的なインターネットブームが巻き起こっているといっても過言ではないほどの勢いである。

　このような情報環境にあって，本書の扱う「専門資料」，すなわち専門分野における，あるいは専門分野を対象とする文献・資料・情報の変化は顕著なものがあり，これを追跡することは容易でない。しかも，専門資料は最新情報を対象とするだけではなく，過去の蓄積情報をも重要な情報として扱わなければならないという，難しい課題をかかえている。

　すなわち，アプローチの方法が異なる専門分野の最新情報と，伝統的な媒体（たとえば，手書きも含む文書類と印刷物などの紙資料が中心である）に依存することの多い歴史的な情報を共に扱わなければならないということがある。

　しかも，最新情報の媒体である電子資料は次々に革新を遂げ，媒体（メディア）が変化している。たとえば，CD-ROMからDVDへとその主役が入れ代わりつつあるパッケージ系電子メディアなどはその典型であろう。

　以上のような状況にあって，できるだけ最新の情報を取り入れるために，今回の改訂作業に取り組んだ。しかし，時々刻々と変化していく状況をすべて取り入れることは困難であった。

　各分野ともデータの入れ替えも含め，不要なものは削除し，新しい内容に改訂する作業を行なっている。とくに自然科学分野ではその傾向が顕著であるが，最近では社会科学・人文科学分野でも同様になりつつある。

　今回は，可能なかぎりの最新情報を取り入れ，改訂版として発行することになったが，つぎの改訂へ向けて，今日から取り組まなければならないと考えている。

2002年7月

編集者　戸田光昭

序　文
（初版の序）

　これまでの司書講習科目であった「人文科学及び社会科学の書誌解題」（1単位）ならびに「自然科学と技術の書誌解題」（1単位）の2科目が新規則の「専門資料論」に相当するものとされているが，選択科目だったものが必修科目に格上げとなり，単位数は減ったが，位置づけは確保された。

　旧規則では書誌解題だけでよかったものが，(1) 専門分野の特性，(2) 主要文献の特性と種類，(3) 主要な一次・二次資料という内容で，範囲も拡がった。特に，専門分野の特性および主要文献の特性という部分は重要である。それに対して書誌解題は重要性が低くなっているという問題を残した。

　そこで本書では，第1章と第2章を，この重点をおくべき部分にあて，これまでの類書には見られなかった特色を出した。専門分野の区分についても，自然科学と工学・工業技術を分離するなど，独自の編成を行った。

　すべての専門分野を一人で担当する場合に対応できるように配慮してあるが，複数の教員が分担する場合に，分野別の縦割りの担当も可能な項目編成にしてある。

　本書の刊行に際し，樹村房木村繁社長には，全体計画から，細部にわたる校正にいたるまで，ご配慮，ご心配をいただいたことを感謝したい。また監修者の高山正也教授には，内容・編集・構成に関して貴重な助言をいただいたことにお礼を申し上げたい。お二人のおかげにより，ようやく完成にこぎつけたのである。

　1997年12月

執筆者代表　戸田　光昭

「専門資料論」もくじ

監修者(シリーズ)の言葉 …………………………………………………… i
改訂の序 ……………………………………………………………………… iii
序　文 ………………………………………………………………………… iv

第1章　専門分野の特性 …………………………………………………… 1

   1. 人文科学 ……………………………………………………………… 2
      (1) 人文科学とは …………………………………………………… 2
         a．人文科学の概念と特性 ……………………………………… 3
         b．人文科学の領域 ……………………………………………… 3
   2. 社会科学 ……………………………………………………………… 7
      (1) 社会科学とは …………………………………………………… 7
         a．社会科学の概念と特性 ……………………………………… 8
         b．社会科学の領域 ………………………………………………10
   3. 自然科学 ………………………………………………………………13
      (1) 自然科学とは ……………………………………………………13
         a．自然科学の発展過程 …………………………………………14
         b．自然科学の領域 ………………………………………………17
         c．自然科学と技術の概念と特性 ………………………………17
   4. 工学・工業技術 ………………………………………………………19
      (1) 工学・工業技術とは ……………………………………………19
         a．工学・技術の歴史 ……………………………………………19
         b．工学・技術の領域 ……………………………………………21
         c．工学・技術の概念と特性 ……………………………………23

第2章　主題文献の特性と種類 ……………………………………………25

   1. 人文科学情報 …………………………………………………………26
      (1) 種類と特性 ………………………………………………………26

　　　　　a．図書・学術図書……………………………………27
　　　　　b．雑誌・学術雑誌……………………………………28
　　　　　c．会議資料……………………………………………29
　　　　　d．学位論文……………………………………………29
　　　　　e．研究調査報告書……………………………………29
　　　　　f．索引誌と抄録誌……………………………………29
　　　　　g．文献案内……………………………………………30
　　　　　h．書　　誌……………………………………………30
　　　　　i．索　　引……………………………………………30
　　　(2)　人文科学情報の生産・流通・利用……………………30
　　　　　a．生産と流通…………………………………………31
　　　　　b．利　　用……………………………………………34
　2．社会科学情報……………………………………………………35
　　　(1)　種類と特性………………………………………………35
　　　　　a．図書・学術図書……………………………………36
　　　　　b．雑誌・学術雑誌……………………………………36
　　　　　c．会議資料……………………………………………37
　　　　　d．学位論文……………………………………………37
　　　　　e．研究報告書…………………………………………37
　　　　　f．索引と抄録…………………………………………37
　　　　　g．文献案内……………………………………………38
　　　　　h．レビュー誌…………………………………………38
　　　　　i．書誌・目録…………………………………………38
　　　(2)　社会科学情報の流通と利用……………………………39
　　　　　a．生産と流通…………………………………………39
　　　　　b．情報の流通機関……………………………………40
　　　　　c．情報流通における諸問題…………………………41
　　　　　d．利　　用……………………………………………42
　3．自然科学技術情報………………………………………………46
　　　(1)　種類と特性………………………………………………46

(2) 流通と利用……………………………………………………48
　　　　a．生産と流通…………………………………………48
　　　　b．研究活動に利用される情報源……………………53
　　　　c．インフォーマルな情報源コミュニケーション……56
4．工学・工業技術情報……………………………………………………57
　　(1) 工学・技術情報の種類と特性………………………………57
　　(2) 工学・技術情報の流通と利用………………………………59
　　　　a．インフォーマル・コミュニケーション……………59
　　　　b．テクニカル・レポート……………………………59
　　　　c．特許資料……………………………………………60
　　　　d．会議資料……………………………………………61
　　　　e．学術雑誌……………………………………………62
　　　　f．学術図書……………………………………………64
　　　　g．規格資料……………………………………………65
　　　　h．学位論文……………………………………………66
　　　　i．カタログ，パンフレット…………………………66

第3章　主要な一次資料と二次資料……………………………………………67

1．人文科学分野……………………………………………………………68
　　(1) 人文科学全般…………………………………………………68
　　　　a．文献案内（基本的書誌・書目・索引など）………68
　　　　b．百科事典……………………………………………70
　　(2) 人文科学各分野………………………………………………70
　　(3) 主な学術・研究団体の①設立と②刊行物と③年間発行回数
　　　　…………………………………………………………75
　　(4) 専門事典（英文）……………………………………………76
　　(5) 主なCD-ROM資料の紹介……………………………………78
2．社会科学分野……………………………………………………………79
　　(1) 社会科学全般…………………………………………………79
　　　　a．文献案内……………………………………………79

　　　　　b．書誌・目録 …………………………………80
　　　　　c．索引・抄録 …………………………………80
　　　　　d．百科事典・辞典 ……………………………81
　　　　　e．団体・人名情報源 …………………………82
　　　　　f．データベース総覧 …………………………82
　　　　　g．電子情報資源 ………………………………82
　　　　　h．主要定期刊行物 ……………………………85
　　　(2) 社会科学各分野(海外資料) ……………………85
　　　　　a．〈社会科学全般〉……………………………85
　　　　　b．〈社会学〉……………………………………86
　　　　　c．〈人類学〉……………………………………87
　　　　　d．〈政　治〉……………………………………87
　　　　　e．〈経　済〉……………………………………88
　　　　　f．〈経　営〉……………………………………89
　　　　　g．〈法　律〉……………………………………90
　　　　　h．〈行　政〉……………………………………91
　　　　　i．〈教　育〉……………………………………91
　　　(3) 社会科学各分野(国内資料) ……………………91
　　　　　a．〈社会科学全般〉……………………………91
　　　　　b．〈社会学〉……………………………………92
　　　　　c．〈民俗学・文化人類学〉……………………92
　　　　　d．〈政治・法律〉………………………………93
　　　　　e．〈経　済〉……………………………………93
　　　　　f．〈教　育〉……………………………………93
　　　　　g．〈歴　史〉……………………………………94
　　　　　h．〈地理学〉……………………………………94
　　　(4) 主要情報サービス機関および学術・研究団体 …94
　　　(5) 日本の主要な情報サービス機関・学協会 ………98
3．自然科学分野 ………………………………………………99
　　　(1) 一次資料 …………………………………………99

       a．原著論文 …………………………………99
       b．レター・短報 ……………………………99
       c．レビュー …………………………………100
       d．学位論文 …………………………………103
       e．テクニカル・レポート …………………106
       f．会議録 ……………………………………106
   (2) 二次資料 ……………………………………108
       a．抄録誌と索引誌 …………………………108
       b．代表的な抄録誌 …………………………110
       c．世界の主要抄録誌 ………………………116
       d．代表的な索引誌 …………………………118
       e．ファクト情報 ……………………………127
       f．自然科学分野の辞典・事典 ……………130
4. 工学・工業技術分野 ………………………………132
   (1) 工学・技術関係の主な一次資料 ……………132
       a．テクニカル・レポート …………………132
       b．特許資料 …………………………………134
       c．会議録 ……………………………………135
       d．学術雑誌・専門雑誌 ……………………137
       e．学術図書 …………………………………139
       f．規　格 ……………………………………140
   (2) 工学・技術関係の主な二次資料 ……………141
       a．抄録誌 ……………………………………141
       b．索引誌 ……………………………………144
       c．コンテンツ誌 ……………………………146
       d．書　誌 ……………………………………146
       e．目　録 ……………………………………147
       f．レファレンスブック(参考図書) ………148

第4章　専門資料とメディアの多様化 ……………………………151

1. 電子化時代の専門資料 ……………………………………………151
    (1) 電子化の動向と専門資料 ……………………………………151
    (2) 電子出版物としてのCD-ROM ………………………………151
2. メディアによる資料の区分 ………………………………………152
3. 電子資料の動向 ……………………………………………………154
4. 専門資料とネットワークの利用 …………………………………156
5. 電子図書館の可能性 ………………………………………………158
    (1) 電子図書館とはなにか ………………………………………158
    (2) 電子図書館における情報の基本単位 ………………………160
    (3) 電子図書館のもつべき機能 …………………………………160
    (4) 具体例としての電子図書館〈アリアドネ〉 …………………163
6. まとめ ………………………………………………………………164

「専門資料論」各章の内容構成

章	分野／内容	人文科学	社会科学	自然科学（広義）	
				自然科学	工学・工業技術
第1章 専門分野の特性	概念特性	a．概念と特性	a．概念と特性	c．概念と特性	c．概念と特性
	歴史・領域	b．領域	b．領域	a．発展過程 b．領域	a．歴史 b．領域
第2章 主題文献の特性と種類	種類と特性	(1) 種類と特性	(1) 種類と特性	(1) 種類と特性	(1) 種類と特性
	生産・流通・利用	(2) 生産・流通・利用	(2) 流通と利用	(2) 流通と利用	(2) 流通と利用
第3章 主要な一次資料と二次資料	全般	(1) 全般	(1) 全般		
	各分野	(2) 各分野	(2)(3) 各分野		
	専門機関	(3) 主要学術研究団体 (4) 専門事典 (5) 主なCD-ROM資料	(4) 主要機関・団体 (5) 日本の学協会		
	一次資料			(1) 一次資料	(1) 一次資料
	二次資料			(2) 二次資料	(2) 二次資料
第4章 専門資料とメディアの多様化		1．電子化時代の専門資料 2．メディアによる資料の区分 3．電子資料の動向 4．専門資料とネットワークの利用 5．電子図書館の可能性 6．まとめ			

第1章　専門分野の特性

　各専門分野における知識の構造と資料との関係を理解できるように，まず最初にそれぞれの分野の特性を明らかにし，その分野の領域範囲，対象などを知っていただくために，この章を設けた。

　専門分野の区分は，伝統的な考え方である「人文科学」「社会科学」「自然科学」の三分野としたが，自然科学は工業技術，製品技術，製造技術などを分離して取り扱った方が分かりやすく，さらに，工学分野と製造技術関係の専門資料はその種類が多いので，「工学・工業技術」として，自然科学から分離した。

　この第1章では，各分野ごとに，それぞれの分野の概念，特性，領域などについて記述し，各分野の専門資料の取扱いのための基礎知識の習得と理解に役立てることを意図した。

　専門資料を理解するには，各分野の概念，考え方の特徴，分野の特性を知ることが重要であるため，分野ごとの最初に記述した。次に，その分野の学問研究の発展過程を歴史的にたどり，分野の理解をさらに深めるように工夫してある。さらに領域と知識体系を解説し，分野の範囲と知識体系の概要を解説している。最後に，それぞれの研究方法と対象分野についてふれ，研究成果として専門資料が産出されるのだということを理解できるように記述し，専門資料の解釈や評価につなげている。

　本章では，専門資料そのものの解説や説明をしてはいないが，専門資料の背景である各分野を知っておくことは，資料を徹底的に活用するために必須のことである。「専門資料論」の入口として，きちんと学習し，その内容を理解し，修得していただきたい。

　資料が所属する専門分野についての知識は広く，しかも深いことが要求される。それぞれの専門分野についての学習は，このテキストだけでなく，各分野の入門書，便覧，概説書などで，さらに深めていくことを期待したい。

1. 人 文 科 学

（1） 人文科学とは

　人文科学とは，「自然科学に対して，政治・経済・社会・歴史・文芸など，広く人類の文化に関する学問の総称」[1]である。この定義は，自然科学に対する人文科学（社会科学を含む）で，広義の用法であるが，本書では，「広く人類の創造した文化を対象として研究する学問。哲学・文学・史学・語学などが入る。」[2]という定義に近い意味で用いている。

　人文科学と社会科学の区分については，「人文という語は古代中国の易経に〈天文ヲ観テ時変ヲ察シ，人文ヲ観テ以テ天下ヲ化成ス〉とあって，天界の秩序に対する人間界の営みをいいます。これが後に近代西洋文明における人間性を意味するヒューマニティの訳語となり，自然科学に対して人文科学といいます。人文系には哲学，歴史，文学の他に美術，音楽も含むのですが，わが国では，戦後の学制改革にあたり，社会科学にも対比して，学問体系を自然科学，社会科学，人文科学の三分野にわけることになったのです。」[3]という解説もある。

　端的には，大学の教育体系の一つとして人文科学が位置づけられたというのが，わかりやすい説明であろう。

　本書では，人文科学情報の書誌的側面を扱うことが主な目的である。そのためには，人文科学の概念と特性，発展過程，研究領域，研究方法などに関する理解がまず大切である。そこで，

　第1章では，人文科学情報を理解し，取り扱うにあたって必須と考えられる
　　　　　基礎的知識
　第2章では，人文科学分野情報の生産，流通，利用について
　第3章では，人文科学分野における主要な資料

を紹介する。資料の選定にあたっては，国内の代表的な二次資料（書誌・目

---

1) 鎌田正・米山寅太郎：大漢語林　大修館書店　1992　p.58.
2) 松村明：大辞林　三省堂　1988　p.1252.
3) 中平千三郎：人文科学の現在―人文書の潮流と基本文献　人文会　1988　p.1-2.

録・索引）および参考図書（事典・辞典など）を中心に取り上げ，できるだけ最近，刊行されたものを記載した。

a. 人文科学の概念と特性

人文科学とは，前述したように，哲学・思想・宗教・芸術・美術・言語・文学など，人間の内面及び人間にかかわる諸々の事象を対象とする学問である。

人文科学という分野では，古来の思想が今も息づいていて，その魅力は時空を超え，人間のメンタル的な本質は何百年経っても変わらない。どのように人類が進歩しようが，ただ生きているというのではなく，「いかに生きるべきか」という人間の生き方を問い，心の豊かさを求め，人間としての限界に挑戦していく姿勢などは永遠の課題であり続けるだろう。

価値観が複雑に多様化している現代にあっても，人間として生きる意義は不変であり，そのような精神的なものを充実させるものを求めた学問研究が今まで以上に必要とされるであろう。それは先人の研究テーマを分析することから始まる。

自然科学のように均一性のものや画一化されたものではなく，また，今までの研究結果に基づいてそこからスタートするというものでもなく，あるテーマについて発表された考え方や論説は，それはそれで認め，角度を変え，今まで何の疑問も抱かずに見過ごしていた部分について，新たな問題意識をもって研究していくような特性があり，まさに十人十色の個性が色濃く出されてくるのもこの分野の特徴である。

b. 人文科学の領域

人文科学は人間の内面的な考察に重点がおかれ，日本十進分類法（NDC）の100：哲学，思想，宗教，700：芸術，美術，音楽，芸能，体育・スポーツ，800：語学，900：文学の範囲である。

哲学とは思想の中で特に高度の論理性・体系性を備えもつものである。この意味での哲学は，比較的限定された国ないし地域において形成されてきた。ギリシャ哲学，アラビア哲学，教父哲学，スコラ哲学，ユダヤ哲学，中国哲学，インド哲学，ヨーロッパ哲学などである。それぞれに代表的な哲学者がおり，

個々の著作や，その著書に関する研究書なども多く刊行されている。
　思想は，哲学と違って，広く地球的な規模で形成されてきた。思想は，大きく東洋思想と西洋思想に二分される。前者は，国あるいは地域ごとに中国思想，インド思想，日本思想……などにわけられ，後者もまた，国あるいは地域ごとに，ドイツ思想，フランス思想，アメリカ思想などにわけられる。東洋・西洋の地域を超えてイスラム思想が存在する。
　さらに，思想は時代ごとに異なった姿を呈しており，上に述べた諸思想は，原始時代の思想，古代の思想，中世の思想，近代の思想，現代の思想などのように分けることができる。
　ただし，哲学が発達した国ないし地域では思想よりも哲学を対象とした研究がなされており，思想を対象とした研究は，他の国ないし地域（日本もそうである）で主として行われている。
　宗教については，未開民族の宗教や原始民族の宗教から，一歩進んで古代民族の宗教となり，その後に，道教，イスラム教，ヒンズー教，ゾロアスター教，神道，仏教，キリスト教，ユダヤ教などに発展していくのである。そのうち，イスラム教，キリスト教，仏教は世界の三大宗教といわれている。
　キリスト教は，ローマ・カトリック，ギリシャ正教，プロテスタントに大別される。
　前5世紀にインド教から出た仏教は，小乗仏教と大乗仏教に分けられている。
　宗教は，人間が存在したその時から政治や国家とさまざまな形でかかわりをもち，狭義の宗教戦争とは別に，宗教が原因で民族間での紛争が現在でも絶えることなく続いている。
　芸術・美術は，人間の創造力，一定の様式のもとに美を創造・表現しようとする活動とその作品であると考えられる。
　芸術は，表現形式によりさらに，彫刻，絵画，版画，音楽，舞踊，演劇などに分類される。あるいは造形芸術とか空間芸術という表現もなされるが，音楽や詩は時間芸術ともいわれる。音楽は古代ギリシャや古代ローマから現代に至るまで，歴史的なものと各国の民族音楽などをも含め，個々の音楽家の作品研究や評論などについても幅広く取り扱われている。
　美術は，日本美術，東洋美術，西洋美術に大きく分けられるが，作風や，地

域などによるとともに，各国の歴史的背景の中から生まれてきた美術への研究も進んでいる。その他，西洋舞踊やバレエ，日本舞踊，演劇などもある。

原始・古代の演劇は，神へ捧げられた歌と踊りから起こったといわれている。わが国における演劇も，現在各地に残っている祭礼などに神への信仰の表れをうかがい知ることができる。

能・狂言・歌舞伎・文楽なども民俗芸能から発展したものである。

新派，新劇，オペレッタや人形劇なども演劇の中に分類されている。

19世紀末に誕生し，20世紀にめざましい発展を遂げた映画は，テレビというメディアの登場でその王座をとって代わられた。

次に，言語であるが，人類がことばをもったのはいまから十数万年も前のことだろうといわれている。

『新約聖書』のヨハネによる福音書の1章 言（ことば）が肉となったの1節に「初めに言があった。言は神と共にあった。言は神であった。」とあるが，ことばは動物の発する鳴き声などとは違った，不思議なそして理論的構造をもつ。

世界各国で民族の数ほどに発生した言語についての数え方はまだまだ研究の途上にあるようだ。さまざまなことばが生まれることになった『旧約聖書』の創世紀の「バベルの塔」の話は有名である。

NDC（日本十進分類法）で扱われている言語は，日本語・琉球語，中国語・東洋諸語，英語，ドイツ語・ゲルマン語，フランス語，プロヴァンス語，スペイン語，ポルトガル語，ブラジル語，イタリア語，ルーマニア語，ロシア語，スラブ語，バルト語，ギリシャ語，ラテン語，ヨーロッパの諸言語，オーストラリア語，エスペラント語，国際語などである。

言語学の研究は，音声学，音韻学（あるいは音韻論），文字学，アクセント，語彙論，文法・語法，方言などがある。

たとえば，音声学は語源的にはギリシャ語の音と科学一般を意味する接尾語からなる術語で，音声すなわち人類がコミュニケーションの手段として用いる言語音を自然科学的に研究しようとする経験科学の一つである。[1] それでは文

---

1) 日本大百科全書4 小学館 1985 p.498.

字の起源はどのようにして起こったのか。洞穴の壁に彫られた絵文字などを経て象形文字へと形が変わってきたようである。

　古代エジプトの象形文字を解読する鍵となったロゼッタ・ストーンは1799年ナポレオンのエジプト遠征の折りに発見された黒石玄武岩の石碑の一部で、町の名前のロゼッタが付けられた。現在は大英博物館に所蔵されている。

　このロゼッタ・ストーンに彫られたヒエログリフ（象形文字）の部分はエジプト文字と違って19世紀になるまでなかなか解読できず、最初の解読者となったのはフランスのエジプト学者シャンポリオンであった。

　このエジプト文字が後に、フェニキア、ギリシャ、ローマに伝えられてローマ字ができたといわれている。

　メソポタミア南部に住み高度の文明を発達させたシュメール族は紀元前4000年～2000年にかけて楔形文字を作り、粘土版文書をたくさん残した。

　中国では甲骨文（亀甲や獣骨などに刻まれた文字）や、金石文などが発見されており、現在の漢字のルーツを知ることができる。

　このように絵文字から、山や川や日のような象形文字となり、漢字のような表意文字が生まれ、のちに仮名の表音文字も生まれた。この表音文字は、事物などをあらわす以外に、ことばの音声を表現する必要から生まれたものであるから、一定の音をあらわすだけで、その文字には意味はない。

　世界には、現在使われている文字以外に、エジプト文字や楔形文字、西夏文字などのように、使われない文字も存在する。

　文字もたとえば、同じローマ字でも国によっては26字と一様でない面をもっている。漢字も、中国の簡体字などは簡略化されていて、日本の漢字のルーツを調べる際には非常に苦労する。日本の漢字も、旧漢字と現在使われている常用漢字とでは隔たりがあり、世代によっては解読に苦労をすることもある。

　文学は、現在、日本十進分類法では文学理論・作法、文学史・批評、文芸思潮史、児童文学などに分けられている。文学は文字で記録されるよりもずっと以前から生まれていた。口から口へと伝えられた口承文学といわれるものである。

　文学が生まれた国や地域によって、日本文学、中国文学、英米文学、ドイツ

文学，フランス文学，スペイン文学，イタリア文学，ロシア文学，ギリシャ文学，ラテン文学，アフリカ文学などと分けられる。

また，文学は表現形式の上で，詩，戯曲，小説，随筆，日記文学，紀行文学，ルポルタージュなどに分類されている。

以上，各分野の領域をざっと記したが，特に文学は歴史の分野と共通するところがあり，また，哲学，思想，宗教や音楽，演劇と重なる部分も多い。

2. 社 会 科 学

(1) 社会科学とは

社会科学とは，人間の行為を社会的・文化的側面で扱う科学の学問分野の総称であり[1]，人間社会で発生する諸社会現象を体系的に研究する科学である。

一般的な科学の意味，すなわち独立した用語としての「科学」は，主に自然科学に限定されて使われているようである。「科学」という用語は，一般的には科学的と称される経験的・合理的研究方法に基づく体系的知識，もしくはその学問分野を意味し，狭義には自然科学を指している。(『広辞苑』)

しかし，実際に「科学」は人間の総体的知識体系を包括する，より広い意味で使用され，このような知識体系の学問領域は，自然科学・人文科学・社会科学に大別されている。これらを「科学」と定義付けできるのは，その学問の認識方法が等しく科学的であるという共通点に由来する。このような視点からみるとき，社会科学と自然科学は，科学性については本質的差異があるものの，その認識方法はかなり類似するとみることができる。よって，社会科学と自然科学が区分される主要基準は，認識方法の差異というよりは，認識対象の相異性に求められるべきであり，社会科学では人間社会の諸現象が一定の人為的・創造的要素を包含することが前提となる点で異なるのみである。

自然科学分野の先端技術が国の経済力向上の目的の下に多様な自然現象を研

---

1) The *New Encyclopaedia Britannica. Micropaedia.* Vol. 10. 15th ed. Encyclopaedia Britannica Inc., 1993. 社会科学について『広辞苑』では「文化を対象とする人文科学，自然を対象とする自然科学に，社会現象を対象としこれを実証的研究方法によって取り扱う科学の総称」となっている。(『広辞苑』第4版 岩波書店)

究することにその目標をおくとすれば，社会科学が扱う人間社会の諸現象はこのような国の経済力の原動力となる人間の人為的・創造的要素の基礎をなすものといえよう。こういった意味で，多様な領域に散在している社会科学各分野の各種情報の所在を把握し，その効果的な活用が可能となるように努力することがこの分野の発展のために必要不可欠であり，それはまた最適な情報の利用技法を研究する図書館情報学分野の主要な役割の一つである。

a. 社会科学の概念と特性

社会科学における認識の対象は，社会または社会現象であり，他方，自然科学の認識の対象は，自然または自然現象である。こういった意味から，社会科学は「社会または社会現象を対象とする科学的認識」であり，社会現象からその法則を究明する科学であるといえる。したがって，「社会科学とはなにか」を把握するためには，その研究対象である社会現象に対する理解をまず先行させなければならない。

社会現象とは，われわれ人間のすべての社会生活において発生している諸現象をいう。(『広辞苑』：広義では社会に見られる一切の現象，すなわち経済，道徳，芸術，宗教等の諸現象，狭義では社会的事実）すなわち，人間のすべての社会生活にわたり，われわれの生活周辺と社会の中で，われわれが見て，感じて，体験するすべての社会的行為を含む。さらに具体的には，社会現象とは人々の間に成立する人間の相互作用（inter-action）または相互コミュニケーション（inter-communication）の社会過程の中で起こる社会的形態といえる。社会科学はこのような社会現象を対象にして科学的に研究する学問を総称する概念である。

社会科学の概念と関連して，各文献の中で論議された社会科学の学問的特性を集約して整理すると，その概念に関する理解がより明確になる。

まず最初に，(1) 知識の客観的側面から考えると，社会科学は，科学とはいっても，自然科学のように正確で客観的な知識が与えられるものではない。すなわち，一定条件下での，実験を通して客観的な関係法則を明らかにする自然科学とは異なり，現実的な問題意識からその解決をはかる学問であるため，自然科学における客観的な必然性をもつ因果関係のようなものを期待すること

2. 社 会 科 学

はむずかしい。

(2) 学問分野間の連係という側面からみると，社会科学の場合は，すべての分野と密接に関連していることがわかる。すなわち社会現象とは，さまざまな要因が複合的に連関し，相互密接な関連があるので，その研究のためには内部で起こる政治・経済・法律などの現象を分離して考えることはできない。研究者が，政治・経済・法律などの各観点から探求するといっても，それは便宜上，分けたもので，それぞれはけっして単独で起こる現象ではないことに留意する必要がある。

(3) 認識の対象である社会現象には変化がある。社会で起こる事象は継続的に変化をする。すなわち，歴史的な質的変化が継続して起こっているところに社会の特質がある。このような変化の中で人間の複雑な相互関係が形成され，その関係を究明しようとする学問である社会科学の研究様態に，これらの特性が反映されるのである。

(4) 研究対象の可視的側面から考えると，社会科学においては，自然科学のような統制された実験を行うことは不可能である。社会科学の関心事である人間社会では，個人間・集団間を同一の条件で研究することは不可能であり，生活自体が一つの巨大な実験ともいうべきである。自然科学者が実験室内で研究対象である「モノ」を抽出し，それを目の前において研究に没頭するのに対し，社会科学者は生きた現実社会を研究するために個々の研究対象を頭に浮かべることで研究する。よって，社会科学者には洞察力が最も重要な資質として求められる。

最後に，(5) 社会科学における常識と科学との関係である。社会科学においては，他の学問と違って，比較的常識と科学との距離が近いため，これに起因する混同が頻繁に発生しうるのはもちろん，ときには常識が科学的知識を圧倒することもあり得るという点である。

この特性と関連して考えられるもう一つの問題は，専門用語の使用である。自然科学の学術用語は文字どおりの専門用語であるため，一般の人が介入して常識を強要してくることはない。しかし，社会科学で使用される専門用語は，主にわれわれの日常社会から専門分野へと移植されたものであるため，日常用語との明確な区分が困難であり，これもまた社会科学的知識と社会的常識との

不明確な分離からの結果である。

b. 社会科学の領域

　社会科学は，われわれ人間社会の複雑な社会現象を研究する学問であり，政治・経済・法律などさまざまな側面を研究する各領域別の個別学問が形成されてきた。しかし，社会科学の学問的研究領域をどう境界づけるかについては多少の見解上の差異がある。これは社会科学の研究対象である諸社会現象の複合性および他学問との相互依存性に起因する不可避的な問題である。

　ここでは，社会科学の学問領域に対するいくつかの主要見解を紹介する。

　セリグマン(Edwin R. Seligman)は社会科学を便宜上，純粋社会科学(purely social sciences)，準社会科学 (semi-social sciences)，社会的意味科学 (social implications) の3つに分け，純粋社会科学には政治学，経済学，歴史学，法学，人類学，社会学などが，準社会科学には倫理学，教育学，哲学，心理学などが，そして社会的意味科学には生物学，地理学，医学，言語学と，これらに関連する技術などが含まれるとした[1]。

　The New Encyclopaedia Britannica においては，文化（社会）人類学，社会学，社会心理学，政治学，経済学を社会科学の基本領域であるとして，社会・経済地理学と一部の教育学分野も社会科学に含むことができるとしている。歴史分野も多くの人が社会科学とみなしているが，大部分の歴史学者は未だ人文科学の一領域と考えている事実に鑑み，その洞察力や技法が人文科学と社会科学の境界線に位置しているとみるのが適当だとしている。また，比較法学は社会科学の領域であるとしている[2]。

　社会科学分野の参考情報源を幅広く紹介している *Sources of Information in the Social Sciences* においては，社会科学を便宜上，歴史，地理，経済学および経営学，社会学，人類学，心理学，教育学，政治学の8つの分野に分類した。しかし，言語学，統計学，人口学も社会科学の範疇に含まれうること，歴史は人文科学の一分野と考えうるとも指摘している。そして，教育学と経営学は公共行政，社会事業，犯罪学，法学などとともに一般的には理論分野より応

1） Li, Tze-Chung. *Social Science Reference Sources*, 2nd ed. Greenwood, 1990. p.2.
2） *New Encyclopaedia Britannica*, macropaedia, Vol. 27, 1986　p.365.

2. 社 会 科 学

用分野に属するとみられると述べている。

フライズ (Thelma Freides) は, その著書 Literature and Bibliography of the Social Sciences において, 人類学, 経済学, 地理, 歴史, 政治学, 心理学, 社会学の7つの分野を基本領域に選んだ。しかし, 心理学, 人類学, 地理は自然科学の多くの部分と重複することもあり, 歴史は, ときには人文科学に属することもあるとした。また人口学は, 社会科学の中の異なった学問領域または社会学の下位分野ともみることができ, 経営学は, 一つの独立した学問領域および経済学の細部分野としても取り扱うことができるとした。社会科学の学問分野を区分するために, 一つの方法だけに頼るわけにはいかないとして, 結局, 社会の中で人間の行為を観察, 説明することに重点をおく学問はすべて社会科学に属するとした。一方で, 経営学, 行政, 労働および産業関係, 社会事業, 教育学, 法学の一部を応用分野とした。

リー (Tze-Chung Li) は, 文化人類学, 経営学, 経済学, 教育学, 地理学, 歴史学, 法学, 政治学, 心理学, 社会学を社会科学の主要分野にあげている[1]。

Encyclopedia of Library and Information Science では, 社会科学および行動科学の領域とみられる諸分野を, 主要領域とこれに含まれうる内容に分けている。主要領域としては, 人類学, 犯罪学, 経済学, 教育学, 環境計画, 環境工学, 未来学, 地理, 歴史, 言語学, 経営学, 政治学, 心理学, 社会政策および社会行政, 統計および研究方法論などをあげ, 各主要領域ごとに含まれている内容を通してみた学問の研究範囲には新たな分野が続いて開発されうる可能性があると示唆している。

International Council for Social Science Information and Documentation においては, International Bibliographies of Social Sciences を作成する際に, 経済学, 政治学, 文化・社会人類学, 社会学を4つの主要分野に選んだ。国による社会科学の捉え方の差異は重要かつ顕著であり, 例として, 北米, イギリス, ヨーロッパ, 東ヨーロッパでは, それぞれ異なっている。

社会科学の範囲をヨーロッパ各国ではどう分類しているかについて, 最初のECSSID 会議 (European Conference in Social Science Information and Docu-

---

1) Li, Tze-Chung：前出書　p.2.

mentation, Moscow, 1977）と，その後の ECSSID ワークショップにおいて収集された論文を分析した調査結果をみてみると，社会科学の範疇として，経済学と社会学はすべての関連国および，それらの国で使用されている分類システムに含まれており，法学はほぼすべての国で，政治学と教育学は大多数の国で含まれている。しかし，歴史は関連各国においてはこれを含むとしたが，それらの国で使用されている分類システムにおいては，多くの場合，除外されている。また，心理学についてはそれぞれ違った意見をもっている。

　上記の例でわかるように，社会科学の領域を明確に設定したり，区分することは困難である。ただ，以上を統括してみると，経済学，政治学，人類学，社会学，教育学，歴史，地理，心理学，法律学などが共通に含まれている主要学問であり，視点によって，一部，他の学問が含まれる余地があるということがわかる。

　1950 年以来，「行動科学（behavioral science)」という用語が社会科学として扱われている学問領域によく用いられている。その理由は，物理的人類学（physical anthropology)，言語学，生理学的心理学（physiological psychology）など，人間の行為を扱う学問でありながら社会科学に属するのは適当でないと思われる学問領域が出現したからである。

　「行動科学」という用語をより多くの人が使用する背景としては，「社会科学」という用語が科学的な特性を追求する流れにありながらも，なお，過去の伝統的な哲学的，人道主義的関心を維持したままで，道徳的前提条件から脱皮しようとするのが 19 世紀的社会科学であるのに比べ，「行動科学」はより明確で経験的であり，行動的なものを根拠にしており，より方法論的な行為を含蓄する性質をもっているからである。今後，「行動科学」という用語の使用範囲や傾向がいかに変化するかは予測できないが，現在においては 2 つの用語が併せて使用されている。

　最近の動向としては，社会科学的な意味と内容をもつ学問でありながら，自然科学的内容と研究方法を導入している学問分野の数が増加している。社会科学における統計学の拡張は代表的なもので，計量経済学，計量政治学なども登場し，システム理論と工学的概念を導入した政治工学，社会工学，教育工学なども出現した。また，環境学，都市学，人口学，未来学なども自然科学の諸部

門と社会諸科学の両面にわたる学問成果を期待して成立した新しい学問分野である。こういった傾向は，これからも社会現象を探求する新しい学問分野が続々と現れることを予測させる。

3. 自 然 科 学

（１） 自然科学とは

F. S. テイラー（F. S. Taylor）は，「自然科学とは，自然現象について，十分に吟味された観察対象を，その観察によって発見され，かつ将来の現象の予見に役立つことになる一般原理，あるいは，法則に基づいて，整然として明確な体系にまとめる学問である。」と定義している[1]。

自然科学とは，一般に日本語の「科学」を指し，明治の初期に英語もしくはフランス語の Science の訳語として，日本で造られた語である。現在，中国においても，日本から輸入された「科学」を近代科学を意味する用語として採用している。Science とは，元来，ラテン語の Scientia（スキエンティア：知識）を指す用語として生まれた。Science という用語が造られた19世紀後半は，ヨーロッパにおいてさまざまな個別の学問領域が，独立・専門化し，物理学，化学，生物学，天文学などが独自の対象，独自の方法論，独自の概念・法則性をそなえて個別の「科学」を形成した。

種々の「科」に分かれた個別の学問という日本語の「科学」という訳語は，当時のヨーロッパの学問体系を最も正確に表した語といえる。そして，現在では学問領域のなかでも「自然科学」を指すものとして使用されている。このことは，英語の Science でも同様である。

Science という用語が英語圏で使用されるようになったのは，19世紀に入ってからのことである。Science という用語が出現するまでは，ヨーロッパでは Philosophy という用語が長い間用いられていた。ギリシャ時代には，物理学や生物学などの区別はもとより，自然科学と人文科学などのような区別もなく，人類の知的活動すべてを「哲学」と呼んでいた。本来の科学の意味は

---

1) 桜井邦朋：自然科学とは何か—科学の本質を問う— 森北出版 1996 p.1.

「知」というものであるから，「愛知」としての「哲学」と「科学」とは同じ意味で使用されていた。このことは，科学を樹立したといわれている科学者のニュートン（I. Newton）やドールトン（J. Dolton）の時代まで継続していたといわれている。ニュートンは自分の学問を「自然哲学」と呼んでいる。また，ドールトンは19世紀初めに，同様に今日の「化学；Chemisty」を「化学的哲学；Chemical Philosophy」と呼んでいた。

a. 自然科学の発展過程

自然科学は，伝統的に見て，神学と哲学に従属していた。それが近代になって開花していく第一歩は，その主題と方法に関し，神学と哲学から分かれることから始まった。しかし，この時代においてもまだ，科学に対する関心は依然として周辺的，副次的なものであった。

次の段階では，科学が他の知的分野に比べ，より低く見られていた事柄が，既成の秩序に対立する，階級的・宗教的・政治的利害をもつ人々によって，神学的，哲学的，文学的な文化よりも，自分たちの方が知的に見て意味があるとみなされるようになって，はじめて科学は文化の中心的な部分となった。このことが契機となり，哲学者としての役割を改めざるをえなかった。伝統的な見方に対立する考え方をもつ新しいタイプの哲学者が現れたことにより，彼らの身分も向上していったのである。同時に，科学的な活動が前進することによって，この分野に資質の高い知識人が参入することとなった。

科学が進歩する学問であることは，ガリレオ（G. Galileo）やパスカル（B. Pascal）によって17世紀前半に気づかれていたが，同時代の天才たち，たとえばニュートンらによって科学の内容がそれ以前のギリシャ，ローマ，アラビアの学問を基にした自然についての伝統的な理論体系と全く異なるものにつくり変えられてしまった。これが科学革命と呼ばれるものである。17世紀の西欧において起こった科学革命は，その後の西欧の優位を確立した画期的出来事であった。伊東は科学革命の特質として，①アリストテレス世界の崩壊，②科学的方法の確立，③科学が累積的知識となる基盤を形成，④科学的知識の進歩の加速性，⑤制度としての科学の成立，⑥科学と技術の提携が原理的に可能となったこと，⑦科学社会へのインパクト，⑧科学理論が世界全体を思索

3. 自 然 科 学

する哲学者によってになわれたこと。の8項目を挙げている[1]。

17世紀における科学活動は,科学アカデミーを中心として行われた。その中で最も有名なものが1603年イタリアのローマで創設されたアカデミア・ディ・リンチェイである[2]。アカデミア・ディ・リンチェイには,1611年にガリレオも会員として迎えられている。その他,イギリスには1662年,ロイヤル・ソサエティが設立された。王立協会と訳されているが,王室からの財政的支援はなく,ほとんどが会員の財源に依存していた。私的組織でかつ門戸を開放していたため,会員の中には貴族,政治家,地主など名目的会員もおり,財政的基盤の安定化および社会的威信を高めるのに役立った。科学が国家の威信を高め,物質的利益も得られると考えられるようになった。ロイヤル・ソサエティの会員に選ばれることは一流科学者の証しとなった。そして,論文を発表することは名誉でもあった。ニュートンもこの会員として活動した。ロイヤル・ソサエティは今日まで続いており,近代的な科学学会の始まりとされている。

一方フランスでは,1666年,パリに王立科学アカデミーが設立された。王立科学アカデミーは,少数の選ばれた科学者で構成された国家直営の研究機関であった。フランスの科学愛好家は,財政基盤を国家に求めたのである。王立科学アカデミーとその会員は,科学研究をとおして国家の栄光と国益に寄与するように期待された。このことは,現在も続いている体制化された科学の先駆けとなった。このように,17世紀になって科学的見方をとる政治家が新しい哲学者の知的成功と結び,国家との結びつきが生まれた。そして,科学をさらに洗練された組織にして科学雑誌を発行するに至ってその目的が達成された。1665年1月5日, イギリスのロイヤル・ソサエティから*Philosophical Transactions*,フランスでは3月6日,王立科学アカデミーの *Journal des Scavan* が相次いで出版された。このことは,科学者相互の速やかな情報交換とオープンな議論を可能にした。また,定期刊行物の発行という公共的な発表機関を与え,科学研究を制度として確立した。

科学アカデミーは,現代風にいえば学会に相当する機能を果たしていた。し

---

1) 伊東俊太郎:ブリタニカ国際大百科事典 第2版改訂 TBSブリタニカ 1991 p.129-30.
2) 大鳥蘭三郎:学会の歴史的背景 医学教育 No.5. p.89-91. 1974.

かし，科学研究者のための制度的教育機関ではなかった。そのため，教育機関としての大学の制度の中に科学が入り込むことが必要であった。このようにして，大学や研究所に所属し，研究や教育によって生計を立てるプロフェッショナルとしての科学者が登場したのである。それまでの西欧の専門職は，聖職，法曹，医療などに限定されていたが，新たに科学者が専門職となった。科学者（Scientist）という言葉の嚆矢は，1834年英国人ウイリアム・ヒューエル（W. Whewell）によって提唱された[1]。

科学革命以後の大きな意味をもつものとして，熱力学を拓いた産業革命を挙げることができる。産業革命は，人間の生産活動を道具から機械に移行させた画期的な出来事で，18世紀にイギリスに始まった。紡織作業の機械化から端を発する産業革命は，職人的伝統と学者的伝統の結合を受け継ぎ，フランシス・ベーコン（F. Bacon）の唱えた経験を基礎におく実証科学やイギリスのロイヤル・ソサエティの目的を実現したものであった。産業革命は以後西欧文明の世界化の原点となった。

19世紀に入ると，物理学や化学の分野では著しい進歩を遂げたが，それにも増して科学の世界で取り上げる事項として，1858年に発表されたダーウィン（C. R. Darwin）の「進化論；種の起源」を挙げることができる。生物学はこの進化論によって，はじめて本格的な近代化を成し遂げた。

さらに20世紀に入ると，それまでの古典物理学の根本前提をくつがえすような理論が提出された。それは，プランク（M. K. E. L. Plank）の「量子力学」並びにアインシュタイン（A. Einstein）の「相対性理論」である。このような相対性理論や量子力学は，原子力エネルギーを生み，エレクトロニクス工業を開発し，さらにはコンピュータやオートメーションシステムに利用されるようになった。

今日では，科学と技術が相互に急速な影響をおよぼし合いながら発達を遂げ，新しい機械や物質を生産する上で強い力を発揮するようになった。現在，科学は，国家の重要な部門となり，社会の動向にも大きく影響を与えるようになった。

---

1) 佐々木力：科学論入門　岩波新書457　岩波書店　1996　p.34.

b. 自然科学の領域

自然科学の対象分野として，世界的な自然科学の引用索引 *Science Citation Index* よると，以下の分野を挙げている。ここでは，まず上位分類名を挙げて，カッコ内にその下位分類の主題名を列挙した。

それらは，天文学，物理学（宇宙物理学，応用力学），化学（高分子化学），生物学（生態学，昆虫学，魚類学，鳥類学，菌学，古生物学，生物物理学），植物学（園芸学），動物学，鉱物学，林学，宇宙科学，地球科学，海洋学，地質学，陸水学，地理学，数学（統計学，度量学），農学，医学（解剖学，生理学，生化学，微生物学，病理学，ウイルス学，毒物学，寄生虫学，公衆衛生学，熱帯医学，栄養学，臨床検査学，電子顕微鏡学，内科学，外科学，眼科学，耳鼻咽喉科学，整形外科学，産婦人科学，泌尿器学，精神病学・心理学，腫瘍学，放射線・核医学，呼吸器疾患学，リュウマチ学，内分泌学，遺伝学，免疫学，老人病学，血液学，神経科学），歯学，薬学，獣医学，および技術分野の航空宇宙学，音響学，バイオテクノジー，コンピューター科学，エネルギー，工学（機械工学，金属工学，人間工学，音響工学），金属材料科学，先端材料科学〈非金属〉，光学，オペレション・リサーチ，テレコミュニケーション，がリストされている。

自然科学の領域には，極めて広い領域にわたって技術が入り込んでいる。このことは，理論化が進むことで，新しい技術が急激に，そして格段の進歩を遂げるからである。また逆に，人間にとって重要な目的の解決や達成のための手段である技術によって，それを理論化しようとする強力な探求心が生まれるのである。このように今日では，科学と技術が一体となって発達を遂げている。

c. 自然科学と技術の概念と特性

1） 自然科学と技術　　自然科学と技術の対象となる分野は，自然現象を究明し，その中にある法則や原理を見い出す基礎科学と，それらの原理を応用する応用科学とがある。基礎科学には，数学，宇宙科学，物理学，天文学，化学，生理学，地質学，生物学，地学が，応用科学には，農学，医学および工学が含まれる。

さらに，技術開発にまで踏み込む技術の科学まである。これらを図示すると

1-1図のようになる。

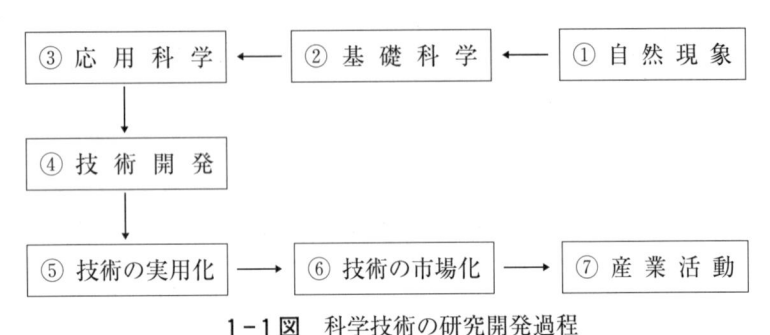

```
③応用科学 ← ②基礎科学 ← ①自然現象
    ↓
④技術開発
    ↓
⑤技術の実用化 → ⑥技術の市場化 → ⑦産業活動
```

1-1図　科学技術の研究開発過程
(出典) 乾　侑：科学技術政策　東海大学出版会　1982　p.5.

　基礎的な研究や応用的研究は，その成果がすぐには現れず長期にわたって得られるのである。したがって，研究の主体は大学や国立の試験研究機関で実施されている。これらの機関は，研究の自由が比較的保証されている。

　基礎科学や応用科学の成果を踏まえて技術開発を行い，新しい製品に仕上げていく。それらは，民間の企業体の研究所や特殊法人の研究所で行われる。ここでは短期間で研究成果が得られるものを要求され，研究の自由はあまり保証されていない。

　2）　自然科学と技術の成果　　自然科学と技術の成果は，社会・経済の発展に大きな貢献を果たしてきているが，自然科学と技術による技術革新がわれわれの生活にどのように貢献してきたかを，生活と最もかかわりの深い食料生産と医療を例に紹介する。

　(1)　食料生産

　わが国の食料生産を担う農業においては，優良品種の育成，肥料，農薬，農業機械の開発や栽培管理技術の向上が積極的に行われ，生産性を高めてきた。

　水稲について見れば，これらの技術を採用したことで現在は10アール（1,000ヘクタール）あたりで世界一の穀物生産高を誇っている。また，品種改良，害虫防除などによって昭和20年代に比べ労働時間を約3分の1に短縮することが可能となった。これらはいずれも農業技術の革新による効果である。

(2) 医 療

　医療面では，疾病の予防，早期発見，早期治療が最大の課題であるが，抗生物質の発明により，戦前から終戦にかけてわが国の三大疾患であった結核，肺炎，胃腸病の死亡率が低下し，老衰の死亡率を下回るまでになった。また，近年ではX線を用いたCT : Computer Tomography（コンピュータ断層撮影）や磁気を利用したMRI : Magnetic Resonance Imaging（磁気共鳴映像法）に代表される医療用電子技術が急速に発達し，脳溢血，癌，心臓病などの早期発見に威力を発揮している。その他，人工臓器の開発などによってわれわれを苦しませてきた疾病のいくつかを克服しつつある。わが国は現在，世界一の長寿国になったが，これは医学・医療の研究や技術開発の成果によるところが大きい。

　このように自然科学と技術の成果は，生活面はむろんのこと，工業生産をはじめ他分野においても枚挙にいとまがない。

4. 工学・工業技術

　本節では，応用科学のうち，工学・技術について解説する。

(1) 工学・工業技術とは

a. 工学・技術の歴史

　それでは，工学・技術はどのようにして芽生え，発展してきたのであろうか。人類の祖先が地球上に現れたのは，今からおよそ300万年くらい前と推定されている。ライオンや虎や豹のような強じんな筋力もスピードも持ち合わせていなかった彼らは，その代わりに二足歩行による手の自由を得，それによって，最初は手を使って木の実などを採取していたものが，旧石器時代，新石器時代へと進むにつれて，彼らは石を打ち欠いて刃物の代わりにし，やがて集団生活をするようになると，石を削ったり，研いだり，磨いたりして矢じりや刃物を作り，草のつるで罠を作るなど，自然に存在するものを加工して道具を作ることを覚え，手の延長として，あるいは代替手段としてこれらの道具を使い，より効率的に狩猟を行ったり，獲った獲物を料理するようになったと考えられる。

このように，より洗練された道具を作るためには，やはり石その他のものを一次的な道具として使ったであろうし，このことが人間特有の行動であるともいわれ，この頃から，人類には生活の知恵としての一種の「技術」が芽生えたと考えられる。

その後,「革命」ともいわれる農耕文化の誕生を見るに至り，この傾向はさらに強まり，人類は鋤などの農具をつくり出す一方，稲作を始めるに至り，水の確保のための灌漑をとおしての土木技術，農作業のための暦作りをとおしての天文学の基礎となる占星術を生み出すなど，「科学」の基礎としての「知識」が芽生えるとともに「技術」が発達し始めた。この頃になると，同時に，人類は一箇所に定住するようになったと考えられ，単にもの作りのノウハウだけでなく，社会の管理技術も芽生えた。

時代は下って，古代ギリシャ時代になると知識を集約した学問が誕生し，技術は学問としての知識の下に位置付けられ，以後，西欧においては学問（知識）は学者の頭脳に，技術は職人の手に委ねられ，その後長い間，技術は正規の学問の対象から外されることとなった。特に中世において，技術はギルドというノウハウを重んずる閉鎖的な徒弟制度の中で親方から徒弟に秘伝として受け継がれることとなった。当然，そうした技術は記録されることもなく，徒弟達は肌で感じ取って自分のものにしたのである。

しかし，やがて，腕に自信をもつ職人達の中に，ギルドを離脱するものが現れ，こうした職人パワーによって技術は発展し，その成果は18世紀に始まるワットの蒸気機関の完成に端を発した産業革命となって現れた。

こうした状況に対して18世紀になると，ディドロ（D. Diderot），ダランベール（J. Le Rond d'Alenbert）らは，それまで職人達の間で以心伝心で受け継がれてきた技術をすべて記録して公開することを意図し，『百科全書』を編纂した。

一方，17世紀後半になると，ルイ14世のフランスを皮切りに，国家を維持，発展させるための技術者（当初は国家のインフラ整備のための建築，土木技術者）養成学校が数多くつくられるようになった。こうした中で，産業革命に刺激されたフランス，ドイツ，アメリカ，日本などは，国をあげて技術者養成にのりだし，なかでも18世紀末のフランスに誕生したエコール・ポリテクニークは有名で，以後，これに範をとる形でマサチューセッツ工科大学（アメ

リカ），チューリッヒ工科大学（スイス）など多くの工科大学がつくられた。

わが国においても，明治時代になって工部省が設けられ，富国強兵政策の一環として，1873年に伊藤博文がグラスゴー大学から招へいしたヘンリー・ダイヤー（H. Dyer）によってチューリッヒ工科大学に範をとったとされる工学寮（1876年，工部大学校（現在の東京大学工学部の前身）と改称）が設立されて，大学においても本格的な理論に裏付けられた技術教育が始まり，この頃から次第に工学の基礎が築かれ，現在に至っている。

現在では，単に自然科学の成果を工学が応用するというのではなく，自然科学と工学・技術は相互に補い合わなければ，いずれの発展もありえない状況になっている。

b. 工学・技術の領域

西欧においては，古代ギリシャ以来，技術は永く学問の外に置かれてきた。そのため，大学に工学系の学科を置くことについてもかなりの紆余曲折があり，内容もわが国の大学の工学部とは異質のものになっている。つまり，わが国では工学部に含まれる造船学科，建築学科，応用化学科，冶金学科は，欧米では必ずしも Engineering Department には含められておらず，むしろ並列的に置かれているのが普通で，その意味で Engineering, Technology という用語も，そのまま日本語の工学，技術には置き換えにくいものがある。

これに対して，わが国では古代から，工業技術の水準は，製銅，製鉄，土木技術などは相当高いレベルに達していたが，これらはすべて家内工業的なもので，欧米のそれに比べてギャップがあった。そこで，明治政府（工部省）は欧米の工業技術の輸入によってこのギャップを埋めようと考え，グラスゴー大学からヘンリー・ダイヤーを招いて工学寮（工部省がつくった学寮という意味で，当初から工学の概念があったわけではない）をつくったが，この時，およそ「工」に該当する（わが国では古くから大工など「工」という概念は確立していた）と考えられるものはすべて取り込んだために，諸外国に先んじて，また，異質の工学の基礎をつくり得たのである。

そして1887年，帝国大学令の発布により，工部大学校は東京帝国大学工学部として再出発するに及んで，一気に日本独自の工学の概念を定着させたので

ある。このようなわけで，わが国と欧米とでは，工学・技術の領域は必ずしも一致しないが，おおむね，次の領域が含まれるといえる。

1）**土木工学**　人類が社会生活をしてゆくには基本となるインフラストラクチュア（道路，橋，鉄道，上下水道，港湾，空港，都市計画など）の整備が必要で，こうした目的をもつ土木工学は最も長い歴史をもち，17世紀以降，絶対王政のもとでつくられた技術者養成学校も，建築学校，土木学校，鉱山学校であった。

これらの内容は，当初，Military Engineering に対する Civil Engineering として，後の機械工学，電気工学なども含まれていたが，それぞれ他の工学が独立し，現在では　Civil Engineering＝土木工学となった。

ここに含まれる主な領域としては，土木力学，水利学，測量学，土木解析がある。

2）**建設・建築工学**　土木工学と並んで社会の基盤整備に不可欠な領域で，土木工学，材料学，人間工学との関係が深いほか，他の分野（感性，芸術，歴史，法律，経済，家政，環境・衛生など）とのかかわりが深い。主な領域としては，建設材料学，都市工学，建築計画，構造，設計・施工，設備工学が含まれる。

3）**材料工学**　ものづくりには欠かせない材料を作り出すことを目的とした工学で，材料の構造，物性，製法，加工技術などを対象とするが，最近では環境への適合性も研究対象にされている。関連する分野として，金属工学・鉱山工学，応用化学がある。

4）**機械工学**　機械技術の起源は，人類が道具を作り出した石器時代までさかのぼるが，本格的には産業革命以後，急速に発展した領域で，それまでの風力，水力などの自然の力を動力として細々と稼働していた機械も，ワットの蒸気機関の完成を機に，これを動力とした紡績機，工作機械，機関車，自動車，船舶などが次々に開発され，人間の力の及ばない仕事も効率的に処理できるようになった。主な領域として，機械力学，材料，設計，機械工作，工作機械，熱機関，熱工学，流体機械，流体工学，精密工学，鉄道車両，自動車，船舶，航空・宇宙工学などが含まれる。

5）**電気工学**　19世紀に入り，ファラデー（M. Faraday）らによる電

気・磁気現象の発見，ボルタの電池の発明，鉄道網の完成に伴う通信網整備の要求などを契機に，電信機，発電機，電灯などが次々と発明され，動力も蒸気力から電力へとシフトし，電気工学は急速に発展し始めた。主な領域は電力工学，電子工学，通信工学である。

6) 情報工学　現在のコンピュータの原形は19世紀の科学者チャールス・バベジ（C. Babbage）の着想に基づくが，最初のディジタル・コンピュータが発明されたのは20世紀も中頃で，まだ50年ほどしか経っていない新しい分野である。ここには情報理論，計算機のハードウエア，ソフトウエア，利用技術が含まれる。そのほか，応用分野として，システム・制御工学，化学プラントなどに関する化学工学，遺伝子操作による品種改良などを行う生命工学，人間の労働環境の効率性を扱う人間工学，それに，エネルギー工学，原子力工学，環境工学，管理工学など，分野の学際化に伴い，広範囲にわたっている。

c. 工学・技術の概念と特性

自然科学の研究の目的が，人間生活に役立てるために自然界の真理を探究することであるのに対して，工学・技術は，数学，物理学，化学，生物学……といった自然科学の諸領域の知識をバックボーンとしながら人間社会の発展に役立つ機械，装置，システムのような具体的なものを作り出すために必要な原理，原則を掘り起こし，ノウハウを編み出すことを最終目的とするもので，医学や農学と並ぶ応用科学の一分野であって，Theoretical Science に対して Practical Science，工業に関する自然科学であるともいわれている。さらに，作り出されたものは人間社会と深いかかわりをもつため，それらの管理工学，運転技術など，いわゆるソフト的な面も含めた全体を工学・技術ということができる。

また，工学と技術は表裏一体をなしており，科学的知見をベースに築きあげられた工学の理念に則った「ものの造り方」（ノウハウ）に関する部分が技術であって，工業技術として現れる。

工学・技術は次のような特性をもっている。

(1) 工学はもの作りの理念であるために，普遍的であり，地域性とか文化の特性に依存しないが，技術は極めて文化依存的であり，同じ目的を達成す

るにしても，その方法は受け入れる側の状況に応じて変わってくる。
(2) 工学・技術は本来，自然界に存在しないものを作り出すことができるために，方法，目的，使い方次第で，人間社会の発展に貢献もすれば，破滅に導くことにもなるので，研究者，技術者，さらにはそれを利用する側の倫理観が強く求められる。
(3) 工学・技術は，先人の成果をベースにさらに新しい知見，方法を積み重ね，発展させることができることから，一つ一つの技術は短期間で陳腐化する（たとえばIC（集積回路）の集積度は5年間で5倍に上がるなど）。
(4) 技術は工学によって発展するだけでなく，長い間の経験の積み重ねによっても発展し，その結果は工学にフィードバックされる。
(5) また，技術の進歩にはいわゆるテクニカルな面での実現可能性の追究だけでは不十分で，常に安全性，経済性（リーズナブルなコスト），信頼性の面からの検証が不可欠である。

第2章　主題文献の特性と種類

　本章では，各専門分野の資料の特性と種類を，印刷資料などの文献に限定せずに解説する。特に専門情報全体の種類と特性，生産・流通と利用に関しては，インフォーマル情報も含めて記述している。

　人文科学においては，情報の新しさが必ずしも重要であるとは限らない。古い文献も重要であることを強調している。情報の種類としては，図書，雑誌，会議資料，学位論文，研究報告書ならびに二次資料（索引誌，抄録，文献案内，書誌，索引など）を挙げている。

　社会科学においては，情報源としての資料の多様性を特徴として挙げている。その基本的な種類は人文科学と同様であるが，統計データをはじめとする多様な情報源メディアの存在が特徴である。

　自然科学技術では，絶えず進歩する知識に遅れないように，最新情報収集を怠らない努力が求められている。そのための情報源として，雑誌や文献の通読だけでなく，学会への出席や，研究仲間との個人的な交流の重要性にも言及している。特にインフォーマル・コミュニケーションの特徴について付け加えている。

　工学・工業技術を分離した理由については，第1章で述べた。特徴的なことは，工業技術のエキスともいうべき「特許情報」と「規格情報」である。この両者は，他の分野ではほとんど情報価値をもたないが，工業技術においては最初に取り上げなければならないほどの重要性を有する最重要資料であるから，注意を要する。

　上にも述べたように，分野ごとに異なる情報の種類，メディアの違い，文献情報の重要性，文献量増大の動向，研究者の研究活動過程と文献調査の関連，インフォーマルな情報交換における文献の役割などにも配慮することが大切である。

1. 人文科学情報

（1） 種類と特性

　人文科学の情報は，新旧を問わない。特に古い文献こそが研究の対象となり重要視される。

　人文科学の分野では，永年にわたって利用された基本的な文献というものがあり，それをもとにしてさらに研究をしていくわけであるが，何百年も前の資料が突然何らかのルートを経て研究者の前に現れ，今まで謎とされてきた部分が解明されたり，長い間その学界で定説となってきた事実が覆されたりすることがしばしば起こっている。

　科学の進歩により，赤外線カメラにより筆写本の重ね書きを発見したり，同一人物の筆跡かどうかの鑑定をしたりして，また新たな研究へと進んでいく，というようなものである。たとえば，紫式部の『源氏物語』には，河内本，大島本，保坂本などのように書写された現存伝本があり，それぞれが研究の対象となるのである。

　江戸時代の国学者本居宣長の自筆冊子『和歌の浦』（国指定重要文化財）が今まで4冊組と考えられていたものが，奈良県天理市の天理大学附属図書館で未整理の書物の点検中に5番目の冊子が発見された。

　また1996年，250年ぶりに，俳人，松尾芭蕉『奥の細道』の自筆稿本が見つかったが，これは一時は写本であると鑑定された。しかも二度にわたって写本と鑑定された。ところが今回は，正しく自筆本と断定されたが，結論を出すのに6年を要したとのことである。このように，芭蕉の自筆本の発見にあたり，それが写本ではなく，なぜ自筆本といえるのかを，他の伝本と比較・分析し，学会で発表された内容を記録したものが，一次資料といわれているものである。

　一次資料はオリジナルな情報を含んでいて，最も基本的な情報源である。

　この資料が学会での研究発表資料（予稿集），会議資料，学術雑誌，そして図書などと，形態を変えて，この分野に関心をもつ人々や研究者に新たな研究を遂行するために提供される。

学術雑誌や図書などに記述された論文などの所在が探せるように加工し，再編成することによって作成された資料が二次資料である。つまり，学位論文，会議資料，研究調査報告書，学術雑誌などがオリジナルな資料としての一次資料である。

二次資料には，書誌，目録，索引，抄録，便覧，図鑑，年鑑，年表などがある。

人文科学における情報メディアについて，いくつかを列挙し，その特性について考察する。

a. 図書・学術図書

本とは，『広辞苑』によると，「文字や図画などを書き，または印刷して一冊に綴じたもの。本，書籍，図書，典籍」とあるが，図書館では主に図書といっている。本は「巻物」から「折本」となり，現在の形態になってきた。本というと活版印刷された洋装本を考えるが，和装本の写本なども複製され，翻刻され，解説が付されたものが刊行されている。

本の形態をしていても，案内書や展示目録などでページ数が48ページ以下のもの，つまり「表紙を除き，5ページ以上48ページ以下の印刷された不定期刊行物はパンフレット」とユネスコ（国連教育科学文化機関）では定義づけている。

また最近は，印刷された図書の形態ばかりでなく，電子ブックやCD-ROMなどの電子メディア出版が多くなってきている。

学術図書は，大学の紀要や学部紀要に発表したものや学術雑誌に発表したものをまとめ，また，それに加筆した形で学術図書としたものや，研究成果をその分野の研究者に向けて書き下ろしたものなどがある。

わが国の28大学が集って，大学出版部協会を組織して（2005.7現在）学術図書の出版を行っているが，この機関で出版される図書なども学術図書の範疇に入るものである。

文部科学省の科学研究費の助成や，その他，大学や研究機関の特別研究費出版助成などによって刊行される図書も学術図書である。ただし，この図書は発行部数が少ないためか高価で，また，入手も困難である。

人文科学の分野では，学術図書は研究発表のための重要なメディアであり，必ずしも新しいものばかりではなく，かなり古い文献もよく引用される。

b．雑誌・学術雑誌

雑誌は，一定の誌名をもち，終刊を予定しないで逐次に刊行されるもので，週刊，旬刊，月刊，隔月刊，季刊などと定期的に刊行される出版物である。

学術雑誌は「journal」で，雑誌は「magazine」などと英語で表現される。

たとえば，『ALA　図書館情報学辞典』（丸善　1988）によると，学術雑誌journalは「定期刊行物の一種で，特に学術論文を掲載するもの，および（または）特定主題分野の研究，開発に関する最近の情報の伝達を行うもの」，一方，雑誌magazineは「一般的な読書のための逐次刊行物で，異なる執筆者のさまざまな主題に関する記事を含むもの」との説明がある。

学術雑誌の特徴として，論文を審査する機構があり，常に掲載論文の水準を保つという審査制が確立され，投稿した研究者の業績を認定するということにつながっている。つまり，学術雑誌は，研究発表によりその発表内容がその研究者のオリジナリティが確保され，プライオリティ（先取権）が公認されるという手段としての活用がなされている。

また学術雑誌は，一定員数の購読者を確保することで定期的に刊行がなされるということも重要なことである。

自然科学分野ほど多い利用ではないが，図書と同様に利用されるのが学術雑誌である。学術雑誌は学協会（学会および協会などの学術団体，以下「学協会」と略称），商業出版社，教育機関などから刊行されるが，種類数も増加の一途をたどり，誌代の値上がりなどにより定期的に購読することが難しくなってきている。外国雑誌になるとさらにひどく，日本向けの本誌の価格（外価）そのものが毎年アップし，円安なども拍車をかけ，継続購読ができにくい傾向が強くなってきている。

ただし，図書館としては利用者・研究者の利用状況を調査して各々の分野における重要で基本的な雑誌（コア・ジャーナル：core journal）をできるだけ収集する努力が必要である。また，紙媒体に代って電子媒体である電子ジャーナル・サービスを並行して今後ますます活用するのも一方策であろう。

c. 会議資料

各学会の年次総会，研究発表会，シンポジウム，ワークショップなどの会議資料を記録・刊行したもの。学会という決められたスケジュールの中で，多くの人々の研究発表が紹介され，討論できるように，その概要を簡単にまとめて出席者に配るもので，最新の情報を得ることができる。なお，会議資料には予稿集（プレプリント）といって，出版されないものと，発表論文の抄録や詳細なスケジュール，発表者のプロフィールなどの情報を記載した会議録（conference, proceedings, transactions）として公刊されるものがある。

d. 学位論文

学位を取得するために書かれた論文で，大学に提出される修士論文と博士論文である。Thesis または，Dissertation といわれている。

わが国では，博士論文は昭和10（1935）年以来，国立国会図書館支部上野図書館で閲覧できたが，平成14（2002）年度10月国会図書館関西館の開館により，関西館での閲覧となる。

なお，外国の博士論文については，特に北米のものは UMI（University Microfilms Internatinal）社が収集，配布を行っていて，抄録誌『*Dissertation Abstracts International*』で検索することができる。

e. 研究調査報告書

研究機関，大学，学協会などで作成される調査報告書で，大半は不定期で継続性のないものである。ただし，研究機関などのモノグラフ・シリーズ（monograph series：1冊1論文）形式をとった報告書などもあるが，人文科学の分野ではあまり作成されていない。

f. 索引誌と抄録誌

雑誌記事，主に学術雑誌から主題，論文名，著者，掲載誌名，巻号，ページ，発行年などの書誌的事項などにより，該当する論文記事を検索するために出版される定期刊行物である。

索引誌と抄録誌の違いは，索引誌が書誌的事項のみを表示するのに対し，抄録誌は専門主題についての抄録を一定のフォーマットによって編集され，抄録

者名を記載しているものである。最近は抄録誌を含めて索引誌といって、区別しない傾向となってきている。

g. 文献案内

ある主題分野の研究をしようとする学生，研究者のために，その分野の研究史の研究動向，研究法を詳述し，図書・雑誌・紀要論文などの関連文献をリスト化し，その二次資料や文献の調べ方などについて解説したものである。

h. 書　　誌

図書・雑誌その他の記録資料を書誌的事項（書名・誌名，著者名，出版者，出版年）などについて一定の方式に従って排列・編成したリストである。

書誌には全国書誌，販売書誌，個人書誌，集合書誌，主題書誌，選択書誌，翻訳書誌，解題書誌，ほかにマイクロ資料などの特殊形態書誌がある。

i. 索　　引

狭義には，図書の巻末などに付され本文の中の用語を検索したり，雑誌の一年分の総索引などがある。広義には，特定の情報の所在を検索できるように一定の順序で排列されたもの。たとえば，叢書・全集索引，新聞記事索引，雑誌記事索引，人名索引，地名索引，用語索引，事項索引，書名索引などがある。

索引を見ることによって本文の内容をある程度把握することができる。また，本文の有効な活用には索引の有無が大いに関係してくる。

上記以外にも，人文科学全般および各専門分野におけるレファレンスツールがある。百科事典，専門事典，便覧，図鑑，歴史事典，年表，年鑑，地図，地理事典，人物に関する事典・索引などである。

（2）　人文科学情報の生産・流通・利用

学術情報の分野においては，情報の生産から利用までが一つのサイクルをなしていて，ある人物は，ある時は情報の生産者であり，別な時には利用者となる，というように，一人の人間が双方の役割をする。情報とは，『ALA図書館情報学辞典』によると「公式あるいは非公式に伝達，記録，刊行および（ま

たは）流通している，あらゆる観念，事実，および人間精神の想像上の産物」
と定義されている。

a. 生産と流通

　情報を生産する者は，各専門分野において何らかのヒントをきっかけに調査研究をするという飽くなき研究の姿勢を保ち，研究結果の発表を文書や口頭で継続的に生産しなければならない。

　生産することによって専門職業人としての生活の維持と専門分野の研究者としての地位の保持と研究成果のプライオリティ（先取権）の確保のために学会などで発表し，その分野を向上させるという責務がある。

　公的機関などでは，定期的にまたは不定期に，統計書や調査報告書の類を作成し関連機関に配布しなければならない。

　公式に発表された結果に対してそれぞれの評価がなされ，時には異論も唱えられて，学界に波紋を投げかけるような場合も起こったりする。

　研究を進めるにしたがって専門主題が非常に細分化されてくる。細分化に伴い，必然的に利用対象層は限定されてくる。

　分野の専門分化現象が起きてきて，同じ分野でAとBという専門家の各々が深く狭く主題に入り込むとき，AとBの分野にまたがる領域を，また別のCがカバーするという形で情報の生産が継続的になされるのである。このように情報の生産はますます量的増加につながっていく。しかし，情報の生産を記録物とするには，出版という機能が要求される。

　最近は地方の中小の出版社が郷土資料をはじめとして学術書なども出版しているが，図書が出版されるには企画，編集，制作，印刷などのプロセスを経なければならない。

　編集者は常に，利用者のニーズを調査し，企画し，著者に原稿執筆を依頼し，完成するまでには督促したり，激励したり，二人三脚の協力体制を確立する必要がある。

　アメリカに次いで世界最大の出版国であるわが国において，生産物つまり出版物の流通はどのようになっているかをみてみよう。

　まず，商業出版社の出版物と官公庁などの政府刊行物，大学その他教育機関

の出版物や学協会などによる非営利団体の出版物との二つに大きく分けることができる。後者はなかなか商業ルートにのらないために入手困難な文献である。国立国会図書館への納本制度が確立されているので，そこで見ることができる。図書館をはじめ研究者などにとっては，部数も少ないし貴重な文献であり，研究上きわめて有益である。

　出版物の主要な流通としては，わが国は外国の出版産業と違い，日本語圏独特の完成された流通体制が確立されている。

　出版社からトーハンや日販（日本出版販売株式会社）などの取次店を経て全国各地の小売書店へ流れていくシステムである。これは以前，正常ルートと呼ばれていたが，最近では取次・書店ルートというようである。この流れが販売流通ルート全体のおよそ3分の2を占める。

　この他，教科書ルート，輸出入ルート，図書館ルート，生協ルート，割販ルート，キヨスクルート，スタンド販売ルート，コンビニエンスストア・ルート，卸売ルート，政府刊行物ルート，直販ルートなどがある[1]。

1）　流通機関　　情報の生産・流通に関係している機関は，(1) 出版社，(2) 学協会などの専門学術団体，(3) 図書館，(4) 抄録・索引誌作成機関，(5) クリアリング・ハウス（レフェラルサービス）などがある。

　人文科学の分野では，(1)-(3)が特に関係してくる機関である。

　図書館は記録された知識，情報を収集，整理し，保管して利用に供する機関である。

　国公・私立大学の図書館は約1,324館（『日本の図書館2005』）である。学術書の出版を支えるのは大学図書館の購入に負うところが大きい。学術書はテキストブック以外は発行部数も少なく，そのために一般書と比較して価格も高い。このように学術書の価格が高騰すると，複写が簡単にできるようになったこともあり，購入する代わりに複写する傾向が強くなり，学術書の出版が脅かされかねない。学術書の出版を安定させるためにも，大学図書館が積極的に購入する姿勢が大切である。

　図書館側からみると，日々出版される多量の出版物の中から自館の蔵書構成

　1）　紀田順一郎：本の情報事典　新版　出版ニュース社　1991　p.200.

や利用者層，予算などを鑑みると，自ずと入手可能な図書は制限されてくる。しかも洋書の購入の場合は，和書の購入と違い，納入業者のルートにより価格に大差が生じる。外国における出版流通は，わが国のように確立されたものでないので，なお面倒である。

2）　**流通の諸問題**　　情報を入手するために要する時間は限られているにもかかわらず，情報量の増大に伴いほんとうに必要な情報を入手するのが困難になってくる。また，情報量の増加が必ずしも優良な文献ばかりを生産するわけではないので，質の高い文献を求めるのも難しくなり，必要な情報を得るために探索のネットを拡大するとか，代行検索を依頼するとかという作業が発生する。さらに，専門分化の結果はそれぞれの分野で生産される多数の情報をできるだけ多く調べるためには，入手の費用も，また，その労力もさらに倍加する。

また，情報の生産から入手までに時間がかかりすぎる。つまり，タイムラグ（time lag：遅延，遅滞）が生じる。

研究成果を学術雑誌に投稿し，掲載されるまでには，投稿量の増加と学術雑誌の質を保持するためのレフリー制が敷かれているために，やはりタイムラグが発生する。学術雑誌が発行され，図書館が閲覧に供するためには，検収，経理処理，受入などの業務でまた遅滞する。また，学術雑誌の場合には，一次資料の論文が索引・抄録化された二次資料刊行までにタイムラグがある。このような遅延・遅滞を是正する方策として，ニューメディアで解決しようとさまざまな試みがなされている。

情報流通のまた別な問題として経済的な問題がある。学術雑誌の価格高騰である。外国雑誌では，本誌自体に個人会員と図書館のような公的機関向けの価格が設けられ，その中がさらに国内と他国（アメリカからみた日本など）用の二つの別な価格が設定され，しかも1.2～1.6倍くらいと高くなって，さらに郵送費が加算される。

その他，言語の壁も問題となる。国際的な情報交換に使用される言語は英語が大半であるが，昨今では中国語や韓国語の資料が増加しつつある。ことばの障害をなくすには学術雑誌翻訳センターのような公的機関の活動を活発にし，国際的に情報流通を盛んにすることが重要である。

b. 利　用

1） 情報の要求　研究者は，ある研究活動を開始する際に，まず，過去の情報をできるだけ網羅的に収集しようとする，いわゆる遡及探索という要求がある。次に，研究の最新情報の入手と専門分野の動向を知るために関係の専門誌に目をとおすという，カレントアウエアネスの要求，さらには日常の業務遂行のための要求がある。

2） 利用者研究　第二次世界大戦後，科学技術の領域を対象に，利用者の情報要求と利用の実態について調査・研究が行われた。それを利用者研究（user study）という。最近は情報の生産・流通・利用の全プロセスを対象として，情報利用者，提供者などの各々が役割について意見の交換をする機会を公開討論会などに求めている。

情報の流通は，流通パターンとして，(1) インフォーマルな情報システムと，(2) フォーマルな情報システム，に分けられる。

(1) インフォーマルな情報システムは，研究仲間同士のコミュニケーションである。最新の情報や，レベルの類似した仲間と有効な情報を交換したり，篩にかけられた精選された情報を伝達しあい，即時に相手から実りある反応を得ることができるというメリットがある。

仲間同士よりやや規模の大きくなったものに集会や研究会があり，インフォーマルな雰囲気での意見交換がなされる。

さらに大規模なものは学会である。研究者はだいたい複数の学会に所属し，学会の総会や地区例会，支部研究会などに参加する。学会で発表される研究成果の報告は重要であり，これは後日，会議録として刊行されることが多い。

学会では，機器メーカーや出版社の新商品，斬新な企画，デモンストレーションなどがあり，学会はもちろん関連分野の最新の，あるいは近未来の動向を探るというメリットもある。また，懇親会という人的交流の場で得る情報は貴重で重要である。

(2) フォーマルな情報システムは，インフォーマルな産物が学術雑誌や学術図書に掲載されてフォーマルな形となってくる。研究者は，専門主題の学術雑誌は個人で購読し，関連主題のものは図書館や職場などの資料室，図書室で利用をする。

自然科学の研究者と違い，図書の利用は専門領域の定説や解釈を再確認し，参考文献や引用文献からさらに関連分野を研究するヒントにする。人文科学の研究者は自著の文献を引用するのも特徴である。

3） 利用形態　利用者研究に基づいて考えると，人文科学者の情報利用形態の多くは図書や雑誌などの印刷物である。その他，研究報告書，学位論文，関連する新聞記事などである。二次資料の索引誌や抄録誌は，最新の文献のチェックとか，ある主題の過去の文献を探すなどのために使う。

利用者研究および利用形態の調査結果を生かす方法としては研究者自身が研究目的とその活動の中で得た問題解決方法を積極的に情報サービス機関に伝達しなければならない。研究者と情報サービス提供者と情報システム設計者の相互協力を強化することによって効率的システムが確立されるのである。

2. 社会科学情報

（1） 種類と特性

社会科学情報の機能は，社会科学研究者と学問に関心をもつ人々に対し，理論，概念，研究結果，経験，見解などの知識を提供するために寄与し，新たな研究プロジェクトの遂行に必要な一次資料を提供することである。

実際に研究者が研究目的のために必要としている資料はきわめて多様である。これらを原文の加工の有無および方法によって，一次資料（primary source），二次資料（secondary source），三次資料（tertiary source）に区分できる。

一次資料とは，新たな原著的理論や事実を発見した人自身がその内容を初めて記録したものとして，原文の内容を全く加工していないものを意味する。例を挙げれば，個人的文書（書信，日記など），記録資料（学協会の会議録など），事件の報告内容（新聞記事，ラジオやTVプログラム原稿など），観察およびインタビューなどで得られたデータ，実験データ，統計資料，原著論文，原著作物（original monograph），特許資料，研究報告書などがこれに属する。

二次資料は，一次資料を加工したり，またはそれを再編成して生産することで利用に便利な形態をとることを意味し，一次資料の所在を明らかにしたものである。これに含まれる資料としては書誌，目録，索引，抄録，便覧，年鑑，年表などがある。一方三次資料とは，二次資料を再度加工，再編成したもので，書誌や索引誌の書誌などがこれに属する[1]。

　次に，一次，二次，三次資料とは無関係に，社会科学情報提供の重要な役割を担っている基本的メディアをいくつか選別し，その特性を見てみよう。

a. 図書・学術図書

　図書は人類の歴史の変遷過程に応じてその材料や形態が変化を繰り返してきた。図書とは，かなりの長さをもつ，まとまった内容を印刷技術あるいは手書きで記録した冊子体形式のものである[2]。ここで意味する図書は学術的目的で書かれた著作物をいう。特に単一学問分野を全般的に紹介するもの，その学問分野の発展過程を概観し，歴史的貢献を記録した歴史書，学問発達上の主要事件を扱った著作物が該当する。社会科学分野では，学術図書は研究発表のための重要なメディアであり，またよく引用されている。

b. 雑誌・学術雑誌

　学術雑誌は図書とともにさまざまな情報の中で最も多く利用される一次情報である。雑誌の利用率は科学技術分野では80％以上であり，社会科学分野では50－70％といわれている[3]。

　学術雑誌は研究者自身が遂行した研究活動の内容を詳細に記述し，これに対する解説を通じて研究結果を示す主要な学術情報源の役割をする。学協会，研究団体などの機関や，一部商業機関などが定期的に発行する刊行物がこれに該当する。

　個々の分野には，コア・ジャーナル（core journal）と呼ばれる，数誌から数十誌の，評価が高く，またよく利用される雑誌が存在する。今日において

---

1) 津田良成編：図書館・情報学概論　勁草書房　1992　p.88.
2) 津田良成編：図書館・情報概論　勁草書房　1992　p.89.
3) *Encyclopedia of Library and Information Science*, Vol.28, p.67.

は，膨大な量の学術雑誌が生産されることにより，かえって情報の円滑な流通が阻害され，収録論文が出版されるまでにかかる時間的な遅れや学術雑誌購読料の急騰といった，新たな問題点が台頭してきている。最近ではこのような問題点を情報技術によって解決しようとする電子雑誌（electronic journal）が登場し，普及し始めている。

c．会議資料（preprints, proceedings）

学会，セミナーなどの研究集会において短時間に発表，討論できるようにその内容を簡略に印刷して配布するプレプリントは，最新の情報を得る有用な情報源となる。また，会議で発表された論文の全文を収録する会議録なども重要な情報源である。

d．学位論文（thesis, dissertation）

各学問分野において研究に値する主題に関する歴史，展望，詳細なデータ，観察および調査の結果，研究過程，参考文献などが収載されており，研究者にとって有用な情報を提供する情報源となっている。学位を取得するために行った成果報告として大学に提出するものであり，博士論文と修士論文が含まれる。

e．研究報告書（technical report）

技術報告書ともいわれるもので研究開発（R&D）の結果や進行過程を論理的に叙述し，研究主管機関に提出する公式資料である。主に，政府機関や大企業体が研究主管機関となって研究費を提供し，大学付設研究所や関連学術団体，個人研究者が委託を受けて研究する。大部分は産学協同の性格を帯びているが，社会科学分野においてもこのような要請に基づく研究が頻繁に行われており，この研究結果を，新しい政策の決定，または既存の政策やプログラムを変更する基礎資料として活用することもある。

f．索引・抄録（index, abstract）

該当する資料を簡明に要約整理したものとして，特に学術誌に収録されてい

る文献の索引において正確な指示的内容や完全な内容を提示する有用な二次資料である。最近ではデータベースが定着し，索引と抄録が付けられるようになったため，索引誌と抄録誌の区別がなくなりつつあり，冊子体のないものも出現している。

g. 文献案内（guide to literature）

該当する主題分野の研究計画の策定を助けるために関連文献を評価，組織し，その概要を示してくれる有形の資料を意味する。これは解題書誌目録（または書誌目録）や入門書とは区別され，前者と比べると文献案内がより融通性があって多くの情報を提供してくれる点，後者と比べると学問に関連する単純な主題の内容ではない文献を紹介してくれる点に，その差異がある。文献案内情報にはいくつかの特性があるが，資料を批評的に扱い，読者に主題分野および下位分野を示し，その主題をどう研究するかについての指針を与えてくれるのがその主な特性である。また，利用可能な情報源を紹介し，利用方法を示すことも行う。

h. レビュー誌（reviews・reviewing journals）

該当する主題分野の文献についての分析や論評を収載する資料であり，文献の急増に伴って個々の資料の全てを読むのが困難となった今日の状況下で，ますますその利用度が高まっている。こういった批評論文は，多目的雑誌の批評部分に載っているものから，独自に刊行される専門的な批評誌に載るものまで，多様である。該当する主題の関連文献などに対する定期的批評もあるが，その代表は年刊で出されるものである。

i. 書誌・目録（bibliography・catalog）

図書，学術誌収録論文，地図，フィルムなど多様な資料の書誌事項を一定の様式にしたがって列挙することで一次資料の所在がわかるようにした二次資料である。最新資料および遡及資料がすべて含まれる。解題が添付されている場合，より説明的で詳細な情報が得られる。自然科学においては索引誌，抄録誌がかなり発達しているが，これに比べ，社会科学では遡及資料の主題書誌はあ

る程度発達しているものの，最新の情報提供（current awareness）サービスとしての索引や抄録サービスは遅れている。これは研究成果の速報性が自然科学に比べて要求されていないためと解される。

　この他にも，社会科学全般および各学問領域別に関連学術・研究機関，団体などに関する詳しい情報を得られる各種名簿，主要人物に関連する情報を提供する人名事典や伝記事典，用語事典，百科事典，便覧，年鑑，年暦，年表，地図帳，統計などの多様な社会科学情報源のメディアが存在する。

　最近では，情報処理技術の目ざましい発展によって印刷形態から脱却し，必要な各種情報をデータベース化することで迅速に検索できるようになってきている。科学技術分野ほどには至っていないものの，社会科学分野においても学問領域別に一次・二次情報データベースが多くみられる。

（2）　社会科学情報の流通と利用

a. 生産と流通

　社会科学情報の流通は，基本的には情報の生産者と利用者の関係で成り立つ。両者は同時に同じ学問の集団に属していて，一人の人が，あるときには生産者の立場に，別のときには生産された情報を利用する情報利用者の立場になる。情報伝達の基本過程は，生産と利用というきわめて単純な図式で表されるが，その過程は非常に複雑で，追求する研究の目的や環境によって，また，どのチャンネルを通じて供給されるかによって，情報を管理する各種情報サービス機関とも連関する。

　あらゆる情報は，何らかの目的や意図の下に生産されている。学術情報が発生する必然性については，社会学によって学問社会の制度を説明することでその生産動機が明らかにされており，そこでは学術情報は主に学問分野の実績評価制度と専門職としての報酬制度に起因するとしている。

　情報を生産する学者は研究活動に対する実績を常に要求されているため，研究結果を継続的に発表しなければならない立場にあり，こうした結果は学位取得や昇進につながることがあることから，地位を維持するための情報の生産は継続して行う他はない。また研究者のような専門職も，専門家として認められ

るためには，研究審査など一定の段階を経て研究成果を公表してこそ先取権が確保でき，その研究内容が専門分野において一定の水準に達していることが認められるので，情報の生産活動は継続される。

こういった情報の生産量は増加傾向が続いている。プライス（Derek J. De Solla Price）が調査した世界の学術雑誌の増加趨勢を見ると，1665年に出現した学術雑誌は，1800年には約100種，1850年には1,000種に，1900年には1万種になり，1960年には約3万種に増加したという。プライスは，情報量は年約7％の比率で増加し，約15年間で倍増する指数関数の関係を示していると説明した[1]。このような現象は20世紀末にはやや鈍化したものの，全般的な情報量はなお増加傾向にある。

研究者の情報生産性についてはさまざまな研究がなされているが，ロトカ（A. J. Lotka）は「科学の生産性に関する逆自乗の法則」（*Inverse Square Law of Scientific Productivity*）において，n編の論文を生産する人の数はnの自乗に反比例するという事実を発見した。プライスはこれを根拠に，一定期間に1編の論文を発表した人が100人いたとすると，2編を発表する者の数は25人，3編を発表する者の数は11人となり，10編以上の論文を発表する生産性の高い上位10人で，全体論文の半数を生産すると説明している。

b. 情報の流通機関

情報を生産し流通させる機関としては，出版社，専門学術団体，索引・抄録作成機関と図書館などが挙げられる。情報の生産に関連する出版機関における，その出版メディアは，多様化する傾向を見せている。従来の，紙に印刷される冊子体の出版はもちろん，CD-ROMに収録した電子出版物や付録資料としての録音テープなど新たな情報メディアの数は日々増加する趨勢にある。

社会科学情報の中の一次資料として重要な位置を占めている学術雑誌は主に学会や協会など学術団体によって生産されている。学術団体は学問分野別に分かれており，規模によって国内学会，各国の学会を基盤とする国際学会がある。『全国学術研究団体総覧　1988』によれば，調査対象1,236学会の平均会

1）　前出『図書館・情報学概論』　p.57．

員数は 1,710 名で，各学会は平均 1.3 の学会誌を刊行し，平均刊行部数は 1,974 部となっている[1]。

　図書館は情報を収集，蓄積，提供する情報流通の中枢的役割を担う機関である。大学図書館は国・公・私立の本・分館をあわせて 1,284 館（『日本の図書館2004』）あり，約2億7千冊の蔵書を提供している。学術情報の伝達の側面から見れば，国立国会図書館，大学図書館，それに専門図書館が特に重要である。こういった図書館の中で社会科学情報流通機関としての図書館形態はいくつかに区分される。第1に，大学図書館や公共図書館のように社会科学情報を含む学問の全分野を対象に情報を収集する総合図書館の形態，第2に，社会科学の一領域のみを担当する専門図書館の形態，第3に，社会科学分野の全体領域を対象とした独立した学術研究図書館の形態などである。

　二次資料である抄録・索引誌の生産は，採算がとりにくいため企業体では少なく，主に国の機関，学術団体，非営利機関などで行われている。しかし，米国の H. W. Wilson 社と ISI（Institute for Scientific Information）社はこれらの生産で世界で最も活発な活動をつづけている出版社である。

c. 情報流通における諸問題

　今日の学術情報量の増加現象はよく「情報の洪水」もしくは「情報の爆発」といった表現がなされている。この無限の情報増加現象を，ある学者は，社会的人口問題や食糧問題に匹敵する深刻な問題であると指摘している。こういった学術情報量の増加要因は，研究者数の増加と学問の専門化および細分化に起因する。例を挙げると，遺伝子工学やコンピュータ科学はわずか数十年前に登場したが，いまやそれらの母体の学問よりも大きな領域となり，はるかに多くの学術情報が生産されている。このような学術情報の増加現象を抑制するのは不可能である。ただ，円滑な情報流通を阻害する情報の増加現象は関連業務の機械化を通じてその阻害要因を最小にしなければならない。

　次に，情報の生産から，利用者がその情報を入手するまで時間がかかりすぎるというタイムラグ（時間遅滞）が情報流通の障害となっている。キングら

1）　前出『図書館・情報学概論』　p.53．

(D. W. King et al.) が調査した全体学問分野のタイムラグの平均は9.3カ月であった。このようなタイムラグの主な原因は，投稿量が多く，査読制度を経るためとわかった。タイムラグは投稿から刊行までにかかる時間だけでなく，その後図書館がその資料を入手するまでには，また他の種類のタイムラグにつながり，学術誌の場合には，一次資料の論文が二次資料に索引・抄録化されて現れるまでのまた違ったタイムラグが生じることになる。

　こういったタイムラグの問題を根本的に解決するための方法としては，投稿・編集・査読がコンピュータで行われる電子出版方式によってある程度解消されうるし，出版機関が直接全文（full text）情報を提供する電子雑誌によってかなり時間が短縮されうる。

　情報流通のまた違った障害要素として，情報や資料を得るのにかかる費用が大幅に上昇しているという経済的問題がある。国内の新刊書の平均定価は，『出版年鑑』によれば，1960年には441円であったが，1985年には2,833円である。Chemical Abstracts の1977年の年間購読料3,500ドルが，1988年には1万ドルとなった。これに対し，各種図書館の図書購入費および雑誌購読費の伸び率はこの値上りに見合った予算増がなされていない。そのため各種図書館では，購入資料や学術雑誌の種数を縮小する外なくなった。

d. 利　　用

1）　情報の要求　　すべての学問分野にはその分野独自の社会システムやメカニズムがあるため，情報要求や関連した情報の利用はこういった学問の特性を考慮しなければならない。また，学問領域の発展段階によっても変わるが，発展が停止した学問領域よりも顕著に発展している学問領域の方が新しい情報をより多く必要とするはずである。このように情報の利用パターンは多様であるので，多くの分野を画一的に言及することには問題がある。ライン（M. B. Line）は利用者の情報要求は，(1) 環境，(2) 研究の類型，(3) 学問分野，(4) 研究領域，(5) 研究者の類型，(6) 研究者自身の特性（年齢，学歴，研究経歴など），(7) 心理学的属性，などによって影響を受けると指摘している[1]。

---

1) M. B. Line : Information Requirements in the Social Science : Some Preliminary Considerations. *Journal of Librarianship*. Vol. 1, No. 1, p. 1-19, 1969.

情報要求が分野や個人により異なるのと同じように，情報の利用もまた大きな差異がある。ガーベイ（W. D. Garvey）はその著書『Communication』において学術雑誌論文の利用目的について，(1) 新しく研究調査をするにあたって今までの現況を知るため，(2) 単純に日常業務遂行のため，(3) 研究の最新動向と趨勢を知るため，に学術雑誌を利用するとした[1]。

情報流通の経路は「個人間の情報交換」を目的としたインフォーマルな経路と「公表」を前提としたフォーマルな経路とに分けられる。また，利用される情報は大きく分けて図書館などで受容する公式情報と非公式情報がある。非公式情報は公式情報よりも安全性に欠け，比較的寿命が短いという特性をもち，相当部分が事後に公式情報として公表される。非公式情報には，個人間の私信，電話，ファクシミリ，パソコン通信をはじめ，研究仲間との討論，学会などの集まりが挙げられるが，最近，その重要性が台頭してきた「見えざる大学」（invisible college）が関心の対象となっている。

「見えざる大学」とは，同一学問分野の研究者たちが各自の関心問題領域別に彼らの中で集団を形成し，その構成員同士で活発な情報交換を行う集団をいう。こういった現象は専門領域の学問共同体の中で自動的に発生するメカニズムと理解されている。彼らは領域内での人的交流が活発なエリートであり，情報の生産性が高く，その分野の研究実績を多く出しており，彼らの研究実績は他の研究者によって頻繁に引用される。他の研究者に与える影響も大きく，関連学問分野の方向を決定づけ，学界の中心的役割をも担う。このようなインフォーマル・コミュニケーションにおける個人間の関係を，ソシオグラムを利用して，心理学者らの「睡眠と夢」に関する調査をしたクロウフォード（S. Y. Crawford）の研究は有名な事例である[2]。

米国心理学会（APA : American Psychological Association）は一つの研究が種々の情報メディアを通じて伝達されてゆく過程を明らかにする調査を行った。この調査によれば，研究開始から雑誌論文に掲載されるまでに30カ月から36カ月を要している[3]。

---

1) W. D. Garvey : *Communication* : The Essence of Science. Oxford, Pergamon Press, 1979.
2) Crawford S.: Informal Communication amoung Scienctists in Sleep Research. *JASIS*, Vol. 22, p. 301 - 310. 1973.
3) Garvey W. Griffith, D. C.: Scientific Communications ; Its Role in the Conduct of Research and Creation of Knowledge. *American Psychologist*, Vol. 26, p. 349 - 362. 1971.

2） 利用者研究　　第二次世界大戦以降，米国では学術情報利用者の要求を科学的に調査・分析することが行われた。こういった利用者研究は，初期には科学技術分野の利用者を対象とする研究が主であったが，今日においては社会科学分野にまで拡張された。最近，英国 Sheffield 大学の利用者研究センター（Centre for Research on User Studies）がオンライン情報検索の利用者調査を含む全世界の利用者研究を進めている。利用者研究の大部分は，利用者集団の特性を独立変数，その集団の図書館および情報利用度を従属変数とみて，両者間の一般的関係を探究することである。分析データを収集するのに，各種図書館統計の分析，利用者との面談，質問紙配布による調査，引用分析といった方法が主に使われる。

　社会科学研究者の情報交換を扱った研究は，1970年，英国のライン（M. B. Line）とブリテン（J. M. Brittain）によって主導された Bath 大学の INFROSS（Information Requirements of Research in the Social Sciences），米国 Johns Hopkins 大学の研究が有名である。INFROSS は1967年9月から1970年末にかけて遂行された研究課題として，社会科学分野（人類学，教育学，政治学，心理学，社会学）の情報要求と利用に関して英国の社会科学者（学位請求者，研究員）2,603人を母集団に調査した。1,089人が回答したこの調査では，社会科学者は非図書資料よりも印刷された図書や雑誌を多く利用するという全体的特徴が明らかにされ，情報の非公式チャンネル，参考資料利用，図書館利用，参考文献探索方法，最新出版物の探索方法，最近の研究動向に関する探索方法，探索の委任など，広範囲にわたる領域別調査結果を得た大規模な研究であった。

　いままで多くの学者によって行われた利用者研究の結果は情報へのアクセスのしやすさと研究者の経験が情報利用形態に最も影響を与える要素であると強調したアレン（T. J. Allen）らの研究をはじめとして，引用文献の出所を分析し，個人の所蔵する資料が本人の研究に最も多く引用されるという事実を明らかにしたソパー（M. E. Soper）の研究などが有名である。個人の所蔵する資料が多く引用される理由は，アクセスが容易であるばかりでなく，自身の関心主題に関する資料を予め収集しておいたものだからである。この現象はジップ（G. K. Zipf）が「最小労力の原則」と表現したように，一般利用者は必要な情

3） 利用形態　これまで遂行されたさまざまな利用者研究を基に，リー（Tze‐Chung Li）は社会科学者の情報利用形態を次のように総括している[1]。

(1)　社会科学者は印刷資料指向であり，印刷形態の図書や定期刊行物は社会科学者が最も好む一次情報源である。ラインによると，その後は政府刊行物，研究報告書，コンピュータ出力物，新聞，学位論文，の順に続き，フィルム，録音資料，ビデオテープなどはほとんど利用していないことが明らかになっている。アール（P. Earle）とヴィッカリー（B. Vickery）は全体的に，図書が46％，定期刊行物が29％，その他が26％と述べている。

(2)　社会科学者は，頻繁に利用する学術雑誌が特定されているわけでなく，社会科学や人文科学全般にわたる広範囲な資料を利用し，研究実績を発表するときにも，特定されたいくつかの学術雑誌よりは社会科学全般にわたる各種学術雑誌に発表する習性をみせる。

(3)　社会科学者は比較的最近の資料をよく利用している。貸出統計によると，社会科学分野定期刊行物統計数値の半減期は平均3.5年である。アールとヴィッカリーによると，社会科学文献から引用された資料の数量的半減期は平均9年で，定期刊行物の場合は6年であるとしている。

(4)　社会科学者が情報の所在を把握するには，引用，個人的問い合せ，抄録，索引などを主に利用する。しかし，全般的に関連分野の情報源となる二次資料はそれほど利用しない傾向をみせる。

(5)　社会科学者は，自然科学者や工学研究者に比べて外国語で書かれた資料の利用が少ないとなっている。ウッド（Wood）とボワー（Bower）は，社会科学者の98.4％が英語で書かれた資料を要求していると指摘している。アールとヴィッカリーは社会科学者の英語資料の要求率は87％といっている。

(6)　各学問分野には頻繁に利用されるコア文献が特定できる。グロス（Gross）らの研究では，化学分野の参考文献のうちの1,857件は7種の雑誌に掲載されたもので，それは全体の参考文献の51.1％を占めていることを明ら

---

1)　Li, Tze‐Chung：前出書　p.11 - 14．

かにした。このような傾向は社会科学分野にもみられる。

(7) 社会科学者間の非公式コミュニケーションは好意的に容認されている。非公式コミュニケーションは最新性と速い伝達速度，相互アクセスが容易であるなどの長所をもつため，個人間のコミュニケーションも社会科学者間で共通の二次書誌情報源の中の一つであることがわかった。

(8) 社会科学者は図書館員のサービスをそれほど利用しない傾向がある。ラインは，社会科学者のうち，図書館専門職のサービスを利用して調査を行ったのは半数以下と指摘している。つまり，自身の文献探索をあまり図書館員に任せようとしない。このような事実はINFROSS Surveyにおける最も重要な結果の中の一つでもある。

情報利用者の利用形態究明のような利用者研究の主たる目的は，研究を通じて明らかになる利用パターンや利用者要求を参考にして，既存の情報システムを改善するところにある。利用者研究結果をより実効性あるものにするためには，研究者が研究結果と経験から得た問題解決方法をもっと積極的に情報サービス機関に伝達することが望まれる。研究者と情報サービス提供者，そして情報システム設計者間の相互協力は，効率的情報システムの実現を可能にするからである。

3. 自然科学技術情報

(1) 種類と特性

研究者は，自分の専門分野で，関心のあるテーマや与えられたテーマについて，新しい事実，データ，考え方，解釈，特定の問題に対する解決法，あるいは物というものを生み出していくことを主な仕事としている。

新しい知識，技術というものは，これらの人達の絶え間ない活動により生産され，それがさらに次の進歩の基となっているのである。研究者がこの新しい知識や技術というものを生み出していくには，自分の研究対象となっているテーマに対し，どこまでが既に判明し，何が未知の問題であるかを明確にしておく必要がある。そのために，絶えず情報を入手することが求められている。し

かし，同じ研究者というグループに属している人達でも，個々の研究者によって必要とする情報の種類，量，緊急性，入手速度などが異なっている。

研究者の個々の情報の必要性は，研究者の属している専門分野，年齢，社会的地位，環境の相違などにより異なる。さらに，個々の研究者の習性によっても異なっている。

自然科学と技術の分野では，研究の最前線（research front）から脱落しないでいるためには，絶えず，進歩する知識に遅れないようについていく持続的な努力をしなければならない。そして進歩の早い，競争の激しい分野であればあるほど，その傾向が顕著である。

科学者の研究活動について，ハルバート（M. H. Halbert）とアコフ（R. L. Ackoff）[1]は，米国の化学者の研究活動を調べ，化学者が研究活動の中で大多数の時間をコミュニケーションに費やしていることを明らかにした。それによると，一日平均43.8％が何らかの科学問題に関連のある活動に費やされ，そのうちの33.4％は科学のコミュニケーションに費やされていた。内訳は14.3％が読書あるいは執筆，10.3％が一般的な討論，8.8％は討論以外の会話であった。また，ハーナー（S. Herner）[2]が実施したアメリカの医学研究者の情報収集方法を調査した事例では，以下のように報告されている。

1．カレントな開発に遅れずについていく方法
　　1位：雑誌の定期的な通覧
　　2位：学会への出席
　　3位：仲間との個人的交流
2．問題解決に際しての必要な情報源の見つけ方
　　1位：個人的交流
　　2位：雑誌
　　3位：索引誌や抄録誌
3．最近の研究のための情報入手先

---

1) Halbert, M. H. Ackoff, R. L.: An operation research study of dissemination of scientific information, *Proceedings of the International conference Scientific Information*, p. 97 – 130, 1958. （岡沢和世：情報学講義ノート〈1〉　敬文堂　1987　p.10.）

2) Herner, S. et al.: *A Recommendes Design for the United States Medical Library and Information System*. vol. 1, Washington, Herner & Co. 115 p. 1966. （岡沢和世：前出書　p.32.）

1位：自分の以前の研究
　　　2位：同僚
　　　3位：雑誌
　　4．有効な情報源を見つける方法
　　　1位：読んでいた雑誌に引用されていた参考文献
　　　2位：偶然に見つけた
　　　3位：索引誌や抄録誌

　その他，図書館情報学分野の User Study（利用者研究）でよく引用されるコールマン（J. Coleman）の大規模な新薬普及の調査では，次のように報告されている。コールマンは，医師が新薬の採用を決定する際の情報源の変化を，① 最初の情報源，② 中間の情報源（それについてのより多くの情報を必要とする段階），③ 最後の情報源（決定段階）に分け，各段階における対人的接触を伴う情報（製薬会社のプロパー，同僚，会合，講演）と文献情報（雑誌），およびその他の情報別に詳細に報告している。それによると，対人的接触を伴う情報は，① 65％→② 46％→③ 41％と段階的に減少する。一方，文献情報は，① 34％→② 53％→③ 58％と段階的に上昇，その他，① 0％→② 2％→③ 1％と段階的に減少する。決定の段階では文献情報が約6割を占めていることを明らかにしている[1]。

　以上の報告から，情報入手の大きな手がかりとして，① 科学者自身の定期的な雑誌の閲覧，② 仲間との個人的な接触，を主な情報源としていることがわかる。すなわち，フォーマルとインフォーマルの二種類の情報源を利用しているのである。

（2） 流通と利用

a. 生産と流通

　フォーマル・コミュニケーションは，「出版される」ものと「出版されない」ものとに分けることができる。前者の代表例は，図書や雑誌論文で，これらは，公表を目的とした科学情報伝達の媒体として，また社会的に認知される

---

1) 澤井　清：新薬普及研究のコールマンの著書の引用動向について, *Library and Information Science* No.32, p.105 – 122. 1994.

3. 自然科学技術情報

ことも念頭において作成されている。後者には，テクニカル・レポート，学位論文，特許などが含まれるが，これらは，いずれも公表を目的に作成されたものではない。こうした「出版されない」ものは一般には流布されていないが，それぞれが個別に伝達経路を備えている。このため，出版情報よりも多少手間がかかるが，書誌事項や抄録を利用することで，求める情報の複製を入手できる。一方，インフォーマル・コミュニケーションによって伝えられた内容は，その後フォーマルな経路で提供される例が多い。研究集会でインフォーマルに発表された内容であっても，その発表記録である会議報告としてフォーマルな経路で提供される。

上田[1]はこれらの学術情報の流通過程について，わかりやすく詳細に図示している（2－1図）。この図では，冊子体形式のメディアを中心に情報伝達の経路を表している。今日では，各種のデータベースが形成され，それらのオンラインやCD-ROMによる提供，さらにはインターネットが普及しているため，情報伝達経路はより複雑になりつつある。図書や雑誌論文は，さまざまな伝達経路を通じて，直接利用者に届く。他方，図書館，情報センター，抄録・索引誌作成機関などの情報サービス機関では，図書や雑誌をはじめとするメディアを収集・蓄積するとともに，それらの内容の分析作業を行っている。そして，図書館の目録，書誌をはじめ，抄録誌，索引誌などの新たな情報メディアが作成される。これらのメディアは，利用者が直接入手することも可能であるが，実際には大部分のものが図書館や情報センターによって収集され，利用者はこれらの機関を利用して，さまざまな情報メディアとアクセスしている。

研究情報がどのように伝達されるかについて，医学とも密接な学問である心理学において米国心理学会は，研究が開始されてからさまざまな情報メディアを通じて伝達される過程を明らかにした[2]（2－2図）。この調査によれば，研究開始から，雑誌に論文が掲載されるまで，30カ月から36カ月の期間を要している。まず研究開始後，1年から1年半の間に，小規模な会合で，研究全

---

1) 津田良成編：図書館・情報学概論　勁草書房　1990　第2章.
2) Garvey, W., Grifith, B. C.: Scientific Communication ; Its Role in the Conduct of Research and Creation of Knowledge. *American Psychologist*. Vol. 26，p. 349－362．1971．（武者小路信和訳　科学コミュニケーション：研究の遂行および知識の創造における役割, 情報学基本論文集Ⅰ, 東京, 勁草書房, 1989．p. 93－118．）.

体の報告が実施される。これは，領域的にはインフォーマルな段階である。次に，論文投稿前に，研究結果が州あるいは地方集会で発表され，その後，米国心理学会の全国大会で発表される。全国規模の集会で発表される内容は，研究開始後1年半から2年の期間を要しており，その内容は，質疑応答を含めて，会議録として刊行される。この段階は，フォーマル・コミュニケーションの領域に入る。学会発表と並行して，雑誌に投稿するための草稿が作成され，研究助成費を受けている場合にはテクニカル・レポートも作成される。テクニカル・レポートは，雑誌投稿論文と内容的には同じであるが，詳細なデータが含まれていることが多く，一般に大部である。

　雑誌投稿用の草稿のコピーは同僚による評価を求めて研究者へ配布される。これをプレプリント（preprint）と呼ぶが，プレプリントは，その研究の先取権（priority）を主張する機能も果たしている。

　投稿された論文が雑誌に掲載されるまでは，平均して9カ月を要している。投稿した論文は必ず雑誌に掲載されるわけではなく，雑誌によっては却下されることもありうる（威信の高い雑誌ほど却下率は高くなる）。

　掲載された論文の抜刷りは，同僚の研究者や関係者に配布される。これをリプリント（reprint）と呼んでいる。主要な雑誌に掲載された論文の標題，著者名は，雑誌の刊行直後に，各雑誌の目次のみを集めた後述の速報誌 Current Contents に掲載される。著者はこの抜刷りを目次速報誌 Current Contents の住所欄の住所を調べた研究者から，リプリントの送付を求められることもある。

　論文が発表されてから7〜8カ月後，心理学分野の抄録誌 Psychological Abstracts に抄録が掲載される。さらに，雑誌刊行後，2年から3年に，その論文が価値があると立証された場合には，この分野の代表的なレビュー誌 Annual Review of Psychology に採用される。そして，論文発表後6〜10年で，論文集やテキストのような図書の形態として刊行される。

　以上のように，学術情報の流通過程で最も重要な位置を占めているのは，雑誌論文である。雑誌論文発表前の段階では，大部分がインフォーマルな発表であり，その後の発表はフォーマル・コミュニケーションが主なものとなる。

　学術雑誌の役割には分野間で異なり，素粒子物理学分野では，学術雑誌よりはむしろ後述のプレプリントの方が重視されている。研究者は，プレプリント

3. 自然科学技術情報　　　　　　　　　　　　　　　　　　　　　　*51*

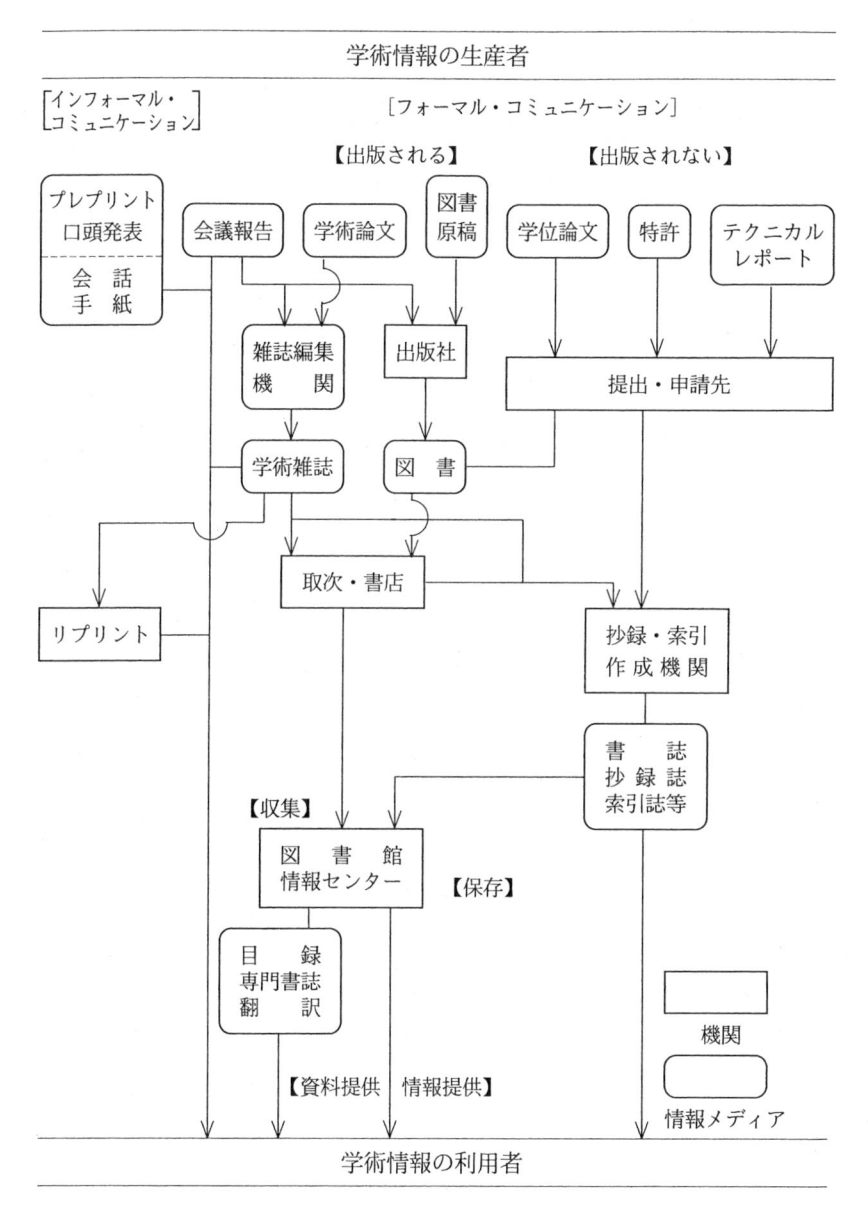

学術情報の生産者

[インフォーマル・コミュニケーション]　　　　[フォーマル・コミュニケーション]

【出版される】　　　　　　　　【出版されない】

プレプリント／口頭発表／会話／手紙　　会議報告　学術論文　図書原稿　　　学位論文　特許　テクニカルレポート

雑誌編集機関　　出版社　　　　　　提出・申請先

学術雑誌　　図　書

取次・書店

抄録・索引作成機関

書　誌／抄録誌／索引誌等

【収集】

図書館情報センター　【保存】

目　録／専門書誌／翻　訳

機関

情報メディア

【資料提供｜情報提供】

学術情報の利用者

2-1図　学術情報の流通過程

（出典）津田良成編：図書館・情報学概論　第2版　勁草書房　p.44.

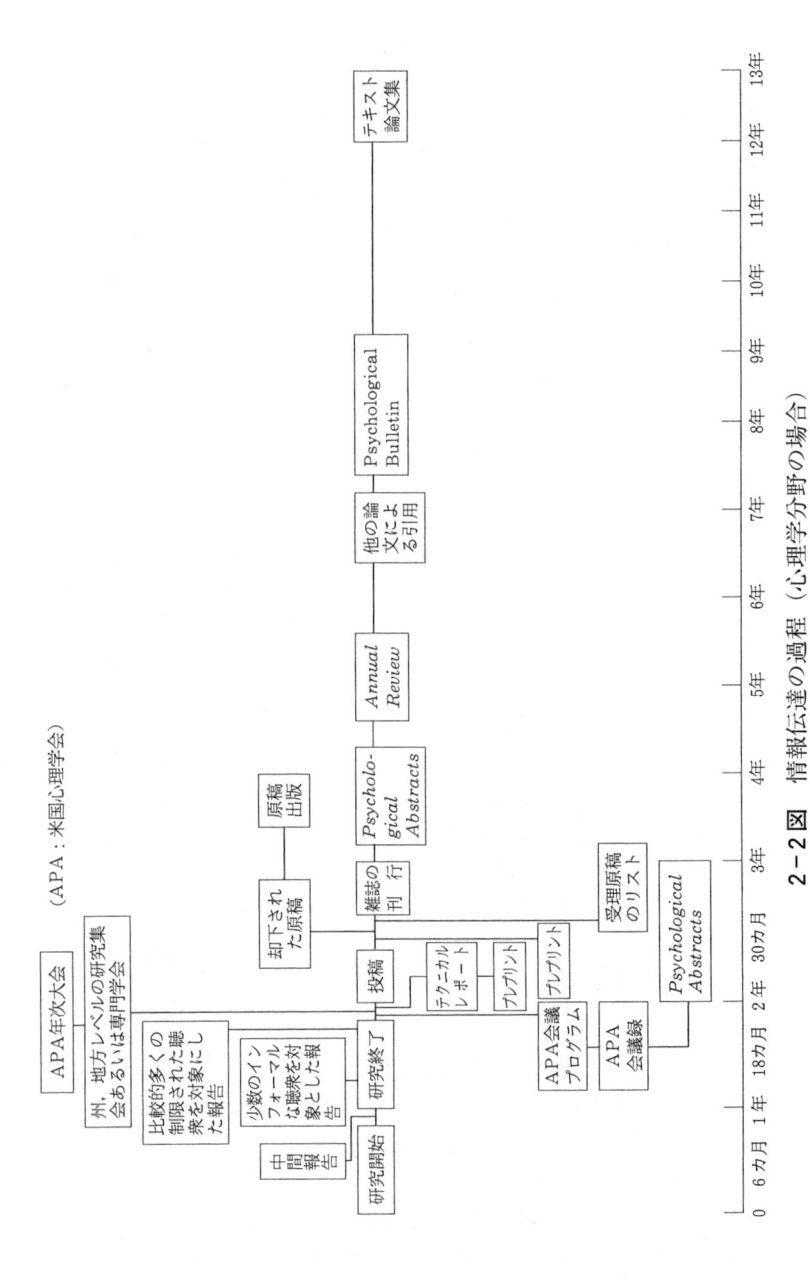

2-2図 情報伝達の過程（心理学分野の場合）

(APA：米国心理学会)

(出典) W.D. ガーベイ著，津田良成監訳・高山正也他訳：コミュニケーション 敬文堂 1981 p.59.

を世界の主要な大学や研究所に送付するとともに,送られてくる他の研究者のプレプリントに目をとおすことが日課となっている。学術雑誌に関しては,*Physical Review Letter* などの権威あるレター誌以外はその役割を果たしていないといわれている[1]。さらに近年はインターネット上の e-print archives が重視されている[2]。

e-print archives は,学術雑誌の維持は考えず,ネットワークを利用したより早い学術情報の流通を目指したものである。e-print archives では,著者は論文原稿,すなわちプレプリントを電子媒体でプレプリントサーバーに投稿し,利用者はサーバーに登録されているプレプリントを自分の端末に自由にダウンロードすることができる。

b. 研究活動に利用される情報源

一般に自然科学と技術の研究者は年間約 100 論文を精読し,その 10 倍の論文に目をとおしている。一般の科学者が日常,目をとおす雑誌数について,科学全般をカバーする *Nature* や *Science* を含み,平均月約 10 種の雑誌に定期的に目をとおしているという結果が英国で報告されている[3]。

次に,科学者が読む雑誌論文の傾向について,U. S. Federal 研究所が実施した調査によると,所員に読まれている資料の 80 ％が 1 年以内に出版された最近号に集中し,そのうち半数以上が雑誌であるといわれている[4]。このように科学者が積極的に雑誌を読む動機として,主として次の 2 点が考えられる。

① 特定の情報を入手するか再発見するための読書。

② ブラウジング。探すべき情報が何かをその時点ではわかっていないが,次から次へと好みの資料に目をとおし,そこで偶然に情報を発見したり,発想転換の大きな刺激が得られることがある。

---

1) 小柳義男:物理 素粒子物理学における情報検索,情報管理,Vol. 24(9):899-905,1981.
2) 上田修一:21 世紀も本と雑誌は紙のまま,医学図書館,Vol. 46(4):373 - 380,1999.
3) Hanson, C.W. Research on user's needs. *Aslib Proceedings*. 16,p. 64 - 78. 1964.
4) U. S. Federal Council for Science and Technology. Committee on Scientific Technical Information.: *The role of the Technical Report in Scientific and Technological Communication*. Washington, Committee on Scientific and Technical Information. December, 112p. 1986. (岡沢和世:前出書 p. 29.)

ブラウジングに費やす時間の量は，個人によって，専門領域によってかなり異なる。物理学者と化学者を比較調査したマーチン（M. W. Martin）とアコフ（R. L. Ackoff）[1]の調査によると，物理学者がブラウジングのために読書時間の3分の1を使うのに対して，化学者は3分の2を費やす。また，技術者は化学者よりももっとブラウジングに多くの時間を使うという結果も報告されている。

研究者が利用するフォーマルな情報源として，上述した雑誌の他に，テキストブック，レポート，学位論文，抄録誌，索引誌などがあるが，それらについては第3章-3.で詳細に解説する。

研究者は，研究活動の上でさまざまな情報を必要とする。中でも雑誌の原著論文は研究活動の栄養素ともいうべき知識情報源として使用される。そのほか，日常の活動での主要な情報源として，同じ専門分野の研究仲間によって形成されているインフォーマル（非公式）コミュニケーション・ネットワークも利用される。それらは，互いに訪問したり，電話の連絡，手紙や原稿などの交換をとおして行われている。そして現在では，電子メールや電子会議などの新しいコミュニケーション手段も盛んに利用されている。これらは，特に研究の最前線で活躍する研究者間で実施されている。

APA（米国心理学会）の調査では，研究活動を活発に行っている研究者は，インフォーマル・コミュニケーションや，学会や研究会などでの口頭発表で最新の研究成果についての情報を得ているため，自分の専門分野の雑誌の掲載論文の40％以上については，最新号が配布される以前にその内容についての情報を入手していると報告されている[2]。

このように，研究の最前線で活躍する研究者にとっては，雑誌論文の最大の機能が情報の伝達にあるのではなく，定評ある雑誌に自分の論文が載ることによって業績として研究者間に公認されることを目的としている。この1960年代中頃のAPAの調査から今日に至るまでの間に，その傾向がますます明瞭になってきている。特に知識情報伝達のメディアとしての雑誌論文の役割は，研究発表に対する速やかな対応要求や，発表メディアの多様化，およびインフォ

1） Martin, M. W., and Ackoff, R. L.: The dissemintion and use of recorded scientific information. in ： *Management Science*. 9(2) p.322 - 336．1962．（岡沢和世：前出書 p.29．）
2） 津田良成：図書館情報学の創造　勁草書房　1992．

ーマル・コミュニケーションへの依存度が高いことなどから，その重要性が次第に薄らいできている。

　業績発表の最も重要な手段としての原著論文の機能も，全文データベースや電子メール，インターネットなどの電子的な情報伝達メディアの増大に伴い，その機能も変化する兆しがあることも否めない。今日，学術出版は学会誌や商業出版誌を通じて行うだけでなく，プレプリント・サーバーや著者自身のホームページ上での公開，大学や政府機関でWebサイトの公開されており今後更にさまざまな流通チャンネルを通じて行われることになるであろう。

　これまで，図書館等を中心として収集され印刷媒体により流通してきた学術雑誌が，近年Web上で可能な電子ジャーナルへと急速に利用形態が変化してきている。特に，進歩の早い医学，生物学，化学，物理学分野では，電子ジャーナルは優位であり，現在では科学技術情報流通の大きな流れとなっている。

　電子ジャーナルを最初に着手したのは，学術出版の大手出版社のエルゼビア・サイエンス社である。同社に追従して，他の多くの大手出版社も電子ジャーナル化を実施し，現在主要な出版社ではほとんどの雑誌をオンラインで提供している。しかし，便利な反面，これらの学術出版は価格の高騰や出版社の寡占化が進み，出版社が主導権を握る傾向にある。こうした図書館や購読者に不利益を与える学術コミュニケーションの仕組みを，変革しようとする動きが高まってきている。欧米では，大学図書館が中心となってSPARC（Scholarly And Academic Resources Coalition）という組織を立ち上げ，研究者自身の手による学術コミュニケーション活動を行っている。これらの動向に対応して，オープンアクセス方式の学術雑誌が急速に成長している。オープンアクセスとは，学術論文をWeb上で無料公開し，自由に利用できるオンラインアクセスを目指したシステムである。わが国でも，国立情報学研究所が主体となって「SPRAC/JAPN」や，JST（科学技術振興機構）の「J-STAGE」という電子ジャーナル・システムが構築されている。これらは，一部有料のものがあるが，無料で欧文雑誌や和雑誌にアクセスできる。今後，オープンアクセス可能な電子ジャーナルの利用は増加するであろう。なお，「J-STAGE」に収録された雑誌のうち検索エンジンの巡回許可を得た雑誌のみ「J-STAGE」を経由することなく直接「Google Scholar」で論文を検索することも可能である。

現在，オープンアクセス雑誌を集めた主なサイトは以下のとおりである。
① 国内雑誌
SPARC/JAPAN　http://www.nii.ac.jp/sparc/
② 外国雑誌
Free Medical Journals.com http://www.freemedicaljournals.com/
PubMED Central http://www.pubmedcentral.nih.gov/

c. インフォーマルな情報源コミュニケーション

前節では，主に原著論文を主としたフォーマル（公式）なコミュニケーションを紹介したが，本節では，研究者の利用しているもう一つの情報源であるインフォーマル・コミュニケーションについて概説する。

ガーベイ（W. D. Garvey)[1]は，インフォーマルなチャンネルをとおして伝達される情報は，フォーマルなチャンネルの情報に比べると安定性に欠ける面があること。このため，個々の科学者は，インフォーマルなコミュニケーション過程を通して得られた知識に対して，独自の認識的枠組みを使ってその情報が研究者の枠組みにあえば受け入れ，あわなければ懐疑的にその情報を処理するなど，取捨選択を行って情報を評価していること。

さらに，インフォーマルな領域では，同じ研究を繰り返し報告する例が多く，小規模な集会で発表する未発達な報告から始まり，比較的多くの会員を対象にした本格的な完成度の高い情報伝達へと発展していく発表を繰り返す。そして最終的に，原稿が雑誌に投稿された直後に停止するという情報の短命さを特徴として挙げている。

このように，雑誌論文の多くは，事前にインフォーマルな領域でその内容の重要な部分を伝達されている。インフォーマルな領域の主要なメディアとして，私信をはじめ小規模の集会，全国レベルや国際レベルの学会，予稿集，プレプリント，リプリントなどがあるが，多くのメディアがその報告内容の主要部分を最終的には雑誌に掲載する。そのため，科学のコミュニケーションにおけるインフォーマルな領域での公刊前の情報交換は，後にフォーマルな領域で

---

1) W.D. ガーベイ著，津田良成監訳・高山正也ほか訳：コミュニケーション　敬文堂　1981．

刊行される情報の基盤となり，初期の報告は後の公開を予告するものである。活動的な研究者は自分の研究を最も効果的に活用するため，これを利用する。

インフォーマル・メディアの主なものは，ディスカッション，科学上の会議である。それらは記録メディアとしてプレプリントや学会発表予稿集として発表される。会議録など関連資料は第3章-3.を参照のこと。

インフォーマルなネットワーク（いわゆる「見えざる大学」）に参加していない科学者や領域外の研究者にとって，フォーマルな情報源は重要である[1]。

4. 工学・工業技術情報

（1） 工学・技術情報の種類と特性

工学・技術は，新しい「物」,「システム」を作り出すことを第一の目的とするが，その過程において，新技術，新しい製法などについての多様な技術情報（インフォーマル情報→特許情報→会議情報→雑誌情報（レター，論文）→加工情報（レビュー，教科書，参考図書，抄録・索引，目録，書誌，規格））を産み出し，これが，次の技術開発，教育の大きな助けとなる。

1960年代に，プライス（Derek J. De Solla Price）はその著書"Little Science, Big Science"の中で，科学技術分野の雑誌数が指数関数的に増加すると述べているが，第二次世界大戦後，科学技術分野は研究活動の活発化に伴い，研究者の数も増え続け（2－3図），この分野の情報量の増加は急である（The King Researchの調査によれば，科学技術系の文献量は15～17年で倍増するといわれ，研究者達は全情報量の6分の1にアクセスするのが精いっぱいだともいわれている）。

また，近年は分野が細分化する一方で，学際化による分野の融合が起こり，特定分野の研究成果がより幅広い分野に応用される傾向が強まっていること，そして，発表される論文の言語は英語が主流という特徴はあるものの，その他，各国語で発表されるものも相当数あり，情報源も多様化，分散化してい

---

1) D. クレーン著，津田良成監訳・岡沢和世訳：見えざる大学　敬文堂　1979．

(万人)

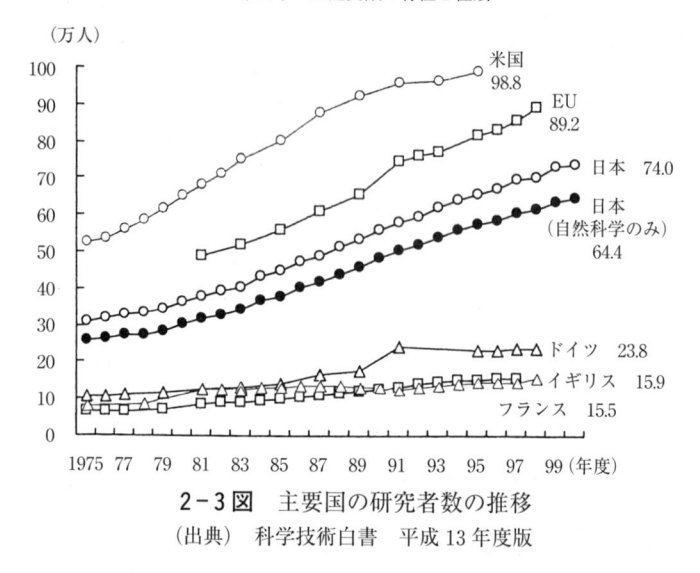

2-3図　主要国の研究者数の推移
（出典）　科学技術白書　平成13年度版

米国　98.8
EU　89.2
日本　74.0
日本（自然科学のみ）64.4
ドイツ　23.8
イギリス　15.9
フランス　15.5

（注）1．国際比較を行うため，各国とも人文・社会科学を含めている。なお，日本については自然科学のみの研究者数を併せて表示している。
2．日本は各年度とも4月1日現在。
3．日本は，1997年度よりソフトウェア業が新たに調査対象業種となっている。
4．イギリスは，1983年までは産業（科学者と技術者）及び国立研究機関（学位取得者又はそれ以上）の従業者の計で，大学，民営研究機関は含まれていない。
5．EUはOECDの推計値。

る。なお，情報源の分散については「ブラッドフォードの分散則」というのがあり，特定分野の論文が当該分野の中心的な少数の雑誌に最も多く掲載され，その分野と関係が薄くなるほど掲載数は減少するが，関係が薄くなるにつれ，極めて多くの雑誌に分散することを示している。

『科学技術文献サービス』No.92（p.13）の雑誌記事索引における国内雑誌の電気工学分野の情報源の分散状況調査結果によれば，電気工学分野の論文の51％は19誌でカバーしているが，100％カバーするには551誌が必要であることが述べられており，これを裏付けている。さらに，工学・技術分野の進歩は速く，研究成果は3～5年という短い期間で更新されるため，最新の技術情報としての寿命は短く，少し古いが，1960年のバートン（R. E. Burton）とケ

ブラー (R. W. Kebler) の科学技術9分野についての調査によれば,他の論文への引用率は3.9～11年で半減するという結果が得られている。そして,最近の工学・技術分野では,研究者が一人で研究することは少なく,企業内での複数の研究者,研究室間にわたるプロジェクト,あるいは大学と企業(産学協同)などの共同研究が増加しており,その結果,発表される論文も共同執筆される度合いが増加している。1977年のキング (D. W. King) らの調査によれば,工学分野の著者数は2.06人であると報告されている。

(2) 工学・技術情報の流通と利用

a. インフォーマル・コミュニケーション

工学・技術では,研究,開発に従事した人と製品が最大の情報源であるといわれる。研究者は研究の過程で重要事項の研究ノートをつくり,同僚との討論を行い,プレプリントの配布などを行う。そしてノウハウを蓄積し,研究結果はやがて製品化される。この段階で,企業などでは担当研究者が工場に転勤,出向して技術移転を行い,その情報に基づいて製品化が行われる場合もある。

これは関連の研究者,技術者にとっては最も早い生の情報に接する機会である。しかし,これはあくまで特定の範囲の関係者間の情報交換であり,実験データの評価などについての相手からの示唆を得たり,関係者への情報提供を目的とする閉じられた環境での情報である。

b. テクニカル・レポート

研究を依頼された機関に対して,研究結果を報告することを目的として作成されるもので,1909年,英国の Advisory Committee for Aeronautics が発行した *R&M* (*Reports & Memoranda*) が最初であるが,第二次世界大戦以来の米国において国家的規模で研究計画が推進され,大量のテクニカル・レポートが作成されたことから,米国で技術情報の伝達手段として著しく普及した(世界のレポート生産量の85%が米国で発行されている)。わが国でも1950年代から各種試験研究機関などから多くのテクニカル・レポートが発行されるようになったが,米国のような流通システムが確立されていないのが現状である。

主な特徴としては,次の点が挙げられる。

・1件1論文形式で，固有のレポート番号（発行番号，受入番号）をもつ。
・ページ数に制限がない（数ページから千ページを超えるものまである）。
・ワーキングツール的色彩が強いので，失敗例も書きやすい。
・レフリーの審査がないのでタイムラグが短いが，質的に玉石混淆である。
・公開を前提としないため，一般の販売ルートに乗らず，収集しにくい（このような資料をグレイ・リテラチャーという）。
・形態がマイクロフィッシュや簡易印刷など不統一である（コストの圧縮）。

内容的には，その趣旨からすれば，委託研究の中間報告書，最終報告書が該当するが，その他，プレプリント，機関内の研究報告書（わが国で最も多い），企業のPR用の技術報告書，レビュー，研究ノート・研究メモ，委員会報告なども含まれ，時には，文献目録，規格，会議録，便覧など異質のものもテクニカル・レポートとして発行されることがある。

入手方法：
① 発行機関に依頼する。
② 米国政府研究機関のレポートは背後に多額の税金を投入して行った研究開発の成果は広く国民に還元すべきであるというアメリカ政府の姿勢があり，機密扱いでない限り公開されており，NTIS（日本総代理店：三菱総合研究所）から購入できる（ハードコピーまたはマイクロフィッシュ）。なお，網羅的に収集するにはSRIM（Selected Research in Microfishe）制度により，NTISの分類コードか指定キーワードを登録すると，米国内限定提供以外のレポートがマイクロフィッシュで，発行のつど，自動的に提供される。
③ 英国のレポートはHMSO（Her Majesty's Stationary Office）やBLDSC（British Library Document Supply Centre）から入手できる。
④ 国立国会図書館などでも複写サービスを行っている。

c. 特許資料

新しい発明について，国が発明者に実施権を一定期間保証する代わりに，公開を義務づけて技術の死蔵を防止して産業の発展を促進するために特許制度が

ある。特許資料には，わが国の場合，出願人が作成した特許明細書，特許庁が明細書に基づいて発行する公開公報（出願書類の方式審査終了後，出願から18カ月経過したものを掲載）と公告公報（出願内容の実体審査後，特許付与の予告），探索用二次資料として抄録・索引誌，分類資料などがあるが，国により形式が異なる。

利用目的は重複研究の防止，他社の権利侵害の確認，技術動向調査，特定技術の特許性の評価など多様で，技術資料としての役割も大きい。

特許資料の主な特徴は次のとおりである。
・新規性が認められた発明に対して特許が与えられるので，高い技術水準を保証された情報である。
・具体的製品開発に結びついた情報である。
・内容的には，日用品から先端技術まで幅の広い情報である。
・特許公報は公開を目的に作成されるので，著作権はない。

入手方法：
① 海外の特許資料は一般取扱い書店で購入できる（分類指定で発注）。
② 日本の公報類は発明協会から購入できるほか，過去のものは発明協会，国立国会図書館で複写サービスを行っている。
③ JAPIO，日本パテントサービス（株），発明通信社などで外国特許の取り寄せや，公報の複写サービスを行っている。
④ 特許庁万国工業所有権資料館で日本の公報と外国特許（67ヵ国の公報，抄録，主要国の特許明細書）を閲覧できる。
⑤ 発明協会公報閲覧所で国内公報の閲覧ができるほか，公共図書館の中でも公報類を閲覧できる所がある。
⑥ 特許庁の特許電子図書館で検索できる。

d. 会議資料

学会，講演会の開催案内，プログラム，Call for paper，事前に配布される予稿集（プレプリント），会議後に発表論文を記録としてまとめた会議録（proceedings）を総称して会議資料という。開催案内，プログラム，Call for papersは関係学会誌などに掲載されるほか，数年先の開催スケジュールも別途出版さ

れており，発表や出席を希望する研究者にとっては不可欠な情報源である。

　また，予稿集と会議録は，学術雑誌と並んで技術的な内容，技術動向を知る上で重要な情報源である。会議資料（予稿集，会議録）の主な特徴は次のとおりである。

(1) グレイ・リテラチャー（灰色文献）の一種で収集しにくい

　　会議はライブであり，会場で必要な情報を出席者に提供することを第一とするため，予稿集は出席者への配布を前提とし，会議録は発行形態が多様（会議録として独立し，継続的に発行されるもの，雑誌の特集号，モノグラフ，単行書，テクニカル・レポート，ペーパーなど）であり，最近ではインターネットで予稿集を公開するだけというものもある。そのため，有名な会議以外は商業ルートにのりにくく，また，会議終了と共に事務局が解散してしまうものもあるなど，図書館などでは自機関の出席者に購入を依頼するなどして特別に対策しなければ収集できない場合がある。

(2) 質的に均一ではない（レフリーによる審査システムがない）。

(3) 会議録特有のアクセス・ポイントをもつ（会議名，略称，回次，年次，開催地，主催者など）ため，通常の図書目録の標記項目ではカバーしきれない。

(4) 書誌事項の表記が不統一などのため，検索しにくい。

　最近，研究成果の発表手段として，雑誌に比べてタイムラグが小さいことら，会議への発表が増加（年間数千）傾向にある。

　会議録を利用するにはJICST，国立国会図書館で比較的多く収集されている。購入の場合は商業ルートに乗っているものは書店（代理店）から購入できる。国内の学会会議録は会員になって直接学会に申し込めば確実に入手できる。

e. 学術雑誌

　工学・技術系の研究者にとって，学術雑誌は学会発表と並んで重要な研究成果の発表の場であり，情報源である。学術雑誌の起源は1665年にフランスとイギリスで発行された *"Journal des scavans"* と *"Philosophical transactions"* までさかのぼる。その後，学協会の発展とともにその数も増加し，第二次世界大

4. 工学・工業技術情報

戦後の研究活動の活発化にともなって商業出版社による出版も増え，1977年のキングの調査によれば，世界で54,000種の学術雑誌が発行され，そのうち3分の1は商業出版社により出版されているという。

学術雑誌を入手するには，国内外とも商業ルートに乗っているものは書店（外国雑誌取次店も含む）から購入できる。外国雑誌は年間予約制である。また，国内の学協会誌を中心に一般商業ルートに乗らないものは学協会の会員（図書館の場合は賛助会員，特別会員，購読会員など）になるなどの方法で直接購入できる。また，企業の発行する雑誌の多くは，刊行物の交換，寄贈依頼などで入手できる。その他，特定の論文を利用したい場合はJICSTや国立国会図書館で比較的多くの学術雑誌を所蔵しており，複写サービスを受けられる。

学術雑誌の主な特徴は次のとおりである。
・研究成果を発表する主要な手段である。
・レフリーによる査読システムが確立しているため，内容の信頼性が高く，研究成果の公式な記録としての，また，発明，発見の優先性立証の手段となる。
・しかし，論文誌の場合，査読に時間がかかり，論文を投稿してから掲載されるまでのタイムラグが大きく（工学で平均9カ月），レター誌の発行などにより迅速な情報提供の対策が講じられている。
・種類が多様である。
　論文誌：オリジナルなフルペーパー（全文）の論文を掲載するもので，公式記録として機能する。
　レター誌：論文誌が投稿から掲載までのタイムラグが大きいことから，1970年代に出現したもので，迅速な発表の求められる研究や優先権を主張する手段として数ページの短報を集めて，後でフルペーパーを出す前提で発行される。
　ニュース誌：専門分野の新しいテーマ，新製品紹介，学会動向などのニュースに絞って発行される。
　レビュー誌：ある分野の一定期間における展望を目的とした文献紹介を中心とした書誌的レビューと研究内容の紹介を目的とした批評的レ

ビューがある。後者は特定研究分野の一定期間における研究・開発の進捗状況を要約，批評を行うために生まれた雑誌で，当該分野の専門家によって多くのオリジナル論文誌などを参考に裏付けながら執筆され，当該分野の進捗状況を知る重要な情報源となる。

　　タイトルに *Review*, *Annual Review of*…, *Progress in*…, *Advances in* …とついているものが，この種の雑誌である。

テクニカル雑誌：非専門家向けの技術の解説記事，新製品，新技術や業界動向などの情報提供が主な目的で，広告に大きなウエイトを置いており，日本の科学技術系商業誌の多くはこれに属する。

抄録・索引誌：通常，二次資料といわれ，上記のような一次資料を探すためのツールとなる雑誌である。19世紀以降，研究成果発表の場として学術雑誌の地位が確立するにつれて，発表論文数が増加し，検索補助手段の必要性から誕生した。抄録誌には指示的抄録誌（原著論文を読む必要性の有無を判断できる程度）と報知的抄録誌（抄録だけである程度の内容を把握できる程度）がある。

　　索引誌は，一次資料の特定項目（用語，書誌事項など）を分析，抽出して，アルファベット順，五十音順などに排列，記述し，アクセスツールとしたもので，主題，著者，分類，KWIC 索引，KWOC 索引などがある。

なお，学術雑誌の分け方には，発行元とその目的によって，学協会誌，出版社が発行する論文誌，業界誌，企業の PR 誌という分け方もある。

f. 学術図書

工学・技術分野では，オリジナルな研究成果を研究書としての図書の形で発表することはまずない。したがって，工学・技術分野で図書として刊行されているものは，会議録（単行書形態やモノグラフ・シリーズで刊行される場合がある），テクニカル・レポート（単行書形式で発行されるレポートがある），レビュー，大学レベル以上のテキストブック，一般的な技術の解説書，参考図書の類である。

学術図書は書店から購入できる。

4. 工学・工業技術情報

テキストブック：学術雑誌などに発表し，専門家の評価を経て受け入れられた知識を体系的に整理して入門者（学生など）向けに提供するものである。学部学生向けと大学院レベルの若手研究者向け（アドバンスコース）がある。

技術解説書：その技術に関心のある非専門家にわかりやすく技術を解説した図書で，一般的入門書と専門家向けがある。

参考図書：オリジナル論文，データなどの一次情報から必要項目を抽出し，ある順序（アルファベット順など）に編集したり，データに基づいてある年の当該テーマの動向をまとめたり，関連法規を集めたりして，知りたい事項を容易に探せるようにまとめた図書を参考図書といい，ハンドブック，便覧，事典，辞典，データブック，全書（ある主題について専門的立場から体系的に解説したもので，数十巻からなるものが多い），年鑑，ディレクトリ，ガイドブック，白書，法規集，地図などがある。これら参考図書は必要な項目だけを参照することを目的として情報を加工したもので，広い意味で二次資料である。

g. 規格資料

規格とは，利害関係者の合意のもとに作成，公開された，標準化された技術仕様書であって，その種類には，国際規格，国家規格，団体規格，官公庁規格，社内規格などがある。そして，技術の進歩によって随時審査が行われ，頻繁に改廃されるため，多くはルーズリーフ式であるが，単行書形態でまとめて出版されたり，マイクロフィッシュ形態で発行されるものもある。資料としては規格原本のほかに，探索用資料として，各種規格目録，規格雑誌があるほか，最近ではオンライン・データベースでも検索できる。

入手方法：
① 発行機関に予約購入する（最新規格を迅速・確実に入手できる）。
② 日本規格協会で閲覧できるほか，複写サービス，取り寄せサービスを利用できる（ホームページでも検索できる）。
③ 国立国会図書館で閲覧できる。

h. 学位論文

　学位は国によって制度が異なり，種類も多様であるが，一般に学位論文という場合は博士論文が中心になる。その理由として，博士論文は博士号の授与に当たって必ず審査され，オリジナリティーのある論文であることが条件なので，質的に保証されていることや，詳しいデータ，実験記録，研究のプロセスが述べられている，過去の研究のレビューや参考文献が豊富，などがある。

　しかし，学位論文は一般には流通していないため，学位論文を対象とした索引・抄録誌も整備されているが，世界的に見た場合，容易に入手できる状況ではない。分野別利用面から見ると，1981年の国立国会図書館の実績に基づいて行われた米国の学位論文の利用調査事例では工学分野が最も多く（約73％）利用されている。

入手方法：
① 日本……国立国会図書館で入手可能であるが，複写する時は原則として本人の了解が必要である。
② 米国……UMI（University of Microfilm International）から入手できる。
③ 英国……BLDSC が複写サービスを行っている。国立国会図書館でも諸外国の学位論文の収集を行っており，入手できるものもある。

　上記以外の国の場合は学位授与大学図書館などに問い合わせるという方法がある。

i. カタログ，パンフレット

　カタログは企業が製品の説明資料として，あるいは宣伝用として発行するもので，技術動向，市場把握，資材調達などの情報を得るために利用される。製品カタログ，企業カタログ（会社案内）がある。

　パンフレットは，関係者に迅速に情報提供することを目的として仮綴じで発行される小冊子で，研究報告書，統計，調査報告書などがあるが，典型的なグレイ・リテラチャーで，発行部数が少ないことと，商業ルートに乗らないため，入手は難しい。こうした資料を収集するためには，常に新聞，雑誌，発行元への問合せなどによる関連情報の収集に努めることが大切である。

第3章　　主要な一次資料と二次資料

　本章では，各分野を代表する一次資料と二次資料を取り上げ，主要なものを解説する。しかし，専門資料すべてを掲載することはできないので，資料・情報源などの列挙・解説は，それぞれの項目の代表例にとどめてある。
　各分野の中はさらに細分され，それぞれの細分野ごとの主要情報源を取り上げ，可能な限り解説をつけた。さらに，各分野全体の主要参考資料，主要定期刊行物，関連学術・研究団体などの紹介をした。
　まず，人文科学においては，最初に人文科学全般について，文献案内・基本書誌・書目・索引などの二次資料，百科事典・辞典，学術研究団体，英文事典に分けて，それぞれの一覧リストを掲載した。次に，人文科学各分野に関する一次資料の事例を掲げてある。
　社会科学においては，最初に社会科学全般について，文献案内，書誌・書目，索引・抄録，百科事典・辞典，団体・人名情報源，データベース，逐次刊行物に分けて掲載してある。次に，社会科学各分野に関する主要情報源を解説し，さらに主要情報サービス機関・学術研究団体について説明した。
　自然科学では，最初に一次資料を取り上げ，原著論文，レター，レビュー，学位論文，テクニカル・レポートに分けて資料をあげ，解説した。そして次に，二次資料を形態別あるいは分野別に掲げ，必要に応じて説明した。
　最後の工学・工業技術では，最初に主な一次資料を，テクニカル・レポート，特許資料，会議資料，学術雑誌，学術図書，規格に分けて主要なものをあげ，簡単な解説を付している。次に，二次資料を取り上げ，抄録誌，索引誌，コンテンツ誌，書誌，目録，参考図書に分け，解説した。

1. 人文科学分野

（1） 人文科学全般

a. 文献案内（基本的書誌・書目・索引など）

1) 文学・哲学・史学文献目録　第1-4．6．10　および文科系文献目録　11-12．16．18．20-21．26．28　日本学術会議　1945-83．
2) 雑誌記事索引　人文・社会編　累積索引版　日外アソシエーツ編・刊　1975-84．（雑誌記事索引は冊子体からCD-ROMとなり、現在はNDL-OPACで検索できるようになっている。）
3) 国書総目録　補訂版（初版：1963）　森末義彰編　岩波書店　1989　9冊．
4) 翻訳図書目録　45／76　日外アソシエーツ　1991．
5) 仏教学関係雑誌論文分類目録　昭和6-30　竜谷大学図書館編・刊　1961　738,176 p.
6) 仏教学関係雑誌文献総覧　国書刊行会編・刊　1983　806,104 p.
7) 日本キリスト教文献目録　第2明治期（1859-1916）　国際キリスト教大学編・刊　1965　429,62 p.
8) 日本東洋古美術文献目録　美術研究所編　東京国立文化財研究所　1969　698 p.
9) 美学・美術史研究文献要覧　1995-99　日外アソシエーツ　2002　2冊．
10) 画集・画文集全情報　45／90　日外アソシエーツ　1991　570 p.
11) 日本美術作品レファレンス事典　絵画篇　浮世絵　日外アソシエーツ　1993．
12) 日本美術作品レファレンス事典　絵画篇　近現代　日外アソシエーツ　1992．
13) 日本染織文献総覧　後藤捷一著　染色と生活社　1980　301,108 p.
14) 本邦洋楽関係図書目録　改訂版　小川昂著　音楽の友社　1965　277 p.
15) 日本演劇研究書目解題　河竹繁俊博士喜寿記念出版刊行会　平凡社　1965　353 p.

1. 人文科学分野

16) 近世演劇研究文献目録　近松の会編　八木書店　1984　271, 26 p.
17) 体育スポーツ書解題　木下秀明編著　不昧堂　1981　832 p.
18) 明治以降国語学関係刊行書目　国立国語研究所編　秀英出版　1955　301 p.（国立国語研究所資料集　第4）
19) 比較文学研究文献要覧　1945-80：日本近代文学と西洋文学　富田仁編　日外アソシエーツ　1984.
20) 国文学研究書目解題　市古貞次編　東京大学出版会　1982　8, 739 p.
21) 国文学複製翻刻書目総覧　市古貞次, 大曽根章介編　日本古典文学会　1982〜1989　正・続　2冊.（詳細：正1982　612p, 続1989　247p）
22) 日本文学研究文献要覧　古典文学　1975-94　(20世紀文献要覧大系24, 28)　日外アソシエーツ　1995-2000　3冊.
23) 古典文学全集・翻刻書・研究書総目録　日外アソシエーツ編　1996　14, 849p.
24) 日本文学研究文献要覧　現代日本文学　1975-99　(20世紀文献要覧大系21, 27)　日外アソシエーツ　1994-2000　4冊.
25) 中国文学研究文献要覧　1945-77　(戦後編)　日外アソシエーツ　1979　(20世紀文献要覧体系　9)　450 p.
26) 英米文学研究文献要覧　1945-99　(20世紀文献要覧大系18, 19, 23, 29)　日外アソシエーツ　1987-2000　5冊.
27) 日本文学・語学研究英語文献要覧　吉崎泰博編　日外アソシエーツ　1979　(20世紀文献要覧体系8)　38, 451 p.
28) ドイツ文学研究文献要覧　1945-77　(戦後編)　森本浩介編　日外アソシエーツ　1975　(20世紀文献要覧体系4)　415 p.
29) フランス語フランス文学研究文献要覧　1979-98　(20世紀文献要覧大系　11-A, 11-F, 11-G, 11-H)　日外アソシエーツ　1984-2000　7冊.
30) 国文学年次別論文集　昭和55-：国文学一般・上代・中古・中世・近世・近代　学術文献刊行会編　朋文出版　1982-
31) 国文学研究文献目録　昭和46-51　1974-78刊.　国文学年鑑昭和52-　国文学研究資料館　至文堂　1979-

32）英語学論説資料　第1号－　論説資料保存会　1969－

b. 百科事典

1）ブリタニカ国際大百科事典　第2版改訂　ティービーエス・ブリタニカ　1994　28冊．
2）世界大百科事典　平凡社　1996　35冊．
3）大百科事典　平凡社　1984－91　18冊．
4）日本大百科全書　小学館　1994－97　26冊．

（2）人文科学各分野

NDC：020

5）国書読み方辞典　植月博編　おうふう　1996　18,1631 p.

NDC：100

6）哲学事典　改訂新版　哲学事典編集委員会　平凡社　1971　1697 p.
7）岩波哲学・思想事典　廣松渉ほか　岩波書店　1998　1929 p.

NDC：120

8）比較思想事典　中村元監修　峰島旭雄編　東京書籍　2000　718 p.
9）日本思想史辞典　子安宣邦監修　桂島宣弘ほか編　ぺりかん社　2001　648 p.
10）西洋思想大事典　フィリップ・P．ウィーナー編　平凡社　1990　5冊．
11）中国思想文化事典　溝口雄三ほか編　東京大学出版会　2001　xiii,513, xlvip.

NDC：140

12）心理臨床大事典　改訂版　氏原寛他共編　培風館　2004　xvii,1480 p.
13）心理学辞典　中島義明ほか編　有斐閣　1999　1086 p.

NDC：150

14）倫理思想辞典　星野勉ほか編　山川出版社　1997　320 p.

NDC：160

15）世界宗教大事典　平凡社　1991　2191 p.
16）日本宗教事典　同編集委員会　弘文堂　1985　944,47 p.
17）日本の神仏の辞典　大島建彦ほか編　大修館書店　2001　ix,1364 p.

1. 人文科学分野

18) 世界神話辞典　アーサー・コッテル著　柏書房　1993　413 p.

NDC：170

19) 神道大辞典（平凡社編）臨川書店　1969　3冊（複製）.
20) 神道事典　國學院大學日本文化研究所編　弘文堂　1999　47, 830 p.

NDC：180

21) 岩波仏教辞典　中村元ほか編　岩波書店　1989　990 p.
22) 広説仏教語大辞典　中村元著　東京書籍　2001　4冊.
23) 総合仏教大辞典　同編集委員会　法蔵館　1987　3冊.
24) 日本仏教語辞典　岩本裕編　平凡社　1988　962 p.
25) 仏教語大辞典　中村元著　東京書籍　1975　3冊.
26) 仏教語読み方辞典　縮刷版　有賀要延編著　国書刊行会　1991　1153 p.
27) 逆引仏教語辞典　逆引仏教語辞典編纂委員会編　柏書房　1995　296, 247, 28 p.
28) 望月仏教大辞典　望月信亨，塚本善隆編　世界聖典刊行協会　1954-63　10冊.

NDC：190

29) 岩波キリスト教辞典　大貫隆ほか編　岩波書店　2002　x, 1420 p.
30) 日本キリスト教歴史大事典　同編集委員会　教文館　1988　1734 p.
31) 新約聖書ギリシア語逆引辞典　キリスト教新聞社編　キリスト新聞社　2000　1000 p.
32) 聖書思想事典　X，レオン・デュフール他編　三省堂　1999　36, 971 p.

NDC：700

33) 近代日本美術事典　河北倫明監修　講談社　1989　414 p.
34) 新潮世界美術辞典　新潮社　1985　1647, 149 p.
35) 世界美術大事典　小学館　1988-90　6冊.
36) 日本美術史事典　平凡社　1987　1108 p.
37) 国宝大事典　浜田隆編　講談社　1985-86　5冊.
38) 現代芸術事典　美術出版社編集部編　美術出版社　1993　142, 7 p.

NDC：720

39) 原色浮世絵大百科事典　日本浮世絵協会編　大修館　1980-82　11冊.

40) 日本書道大字典　角川書店　1981　2冊.
41) 書道辞典　普及版　飯島春敬編　東京堂　1995　74, 989 p.

NDC：740

42) 写真大百科事典　講談社　1981-82　10冊.
43) 本と活字の歴史事典　印刷史研究会編　柏書房　2000　509 p.

NDC：750

44) 原色陶器大辞典　28版　加藤唐九郎編　淡交社　2000　1037, 6 p.
45) 角川日本陶磁大辞典　矢部良明編　角川書店　2002　viii, 1484, 86 p.
46) 染織事典　新装版　中江克己編　泰流社　1993　430 p.
47) 原色色彩語事典　香川勇, 長谷川望編　黎明書房　1988　163 p.
48) デザインの事典　広田長次郎ほか編　朝倉書店　1988　439 p.
49) 現代デザイン事典　伊東順二, 柏木博編　平凡社　2000　258 p.
50) 西洋装飾文様事典　城一夫著　朝倉書店　1993　527 p.

NDC：760

51) 音楽大事典　平凡社　1981-83　6冊.
52) 演奏家大事典　音楽鑑賞教育振興会　1982　2冊.
53) 図解世界楽器大事典　新装版　黒沢隆朝著　雄山閣出版　1994　21, 443, 45 p.
54) 日本音楽大事典　平野健次他監修　平凡社　1989　1034, 112, 46 p.
55) 声楽曲鑑賞事典　中河原理編　東京堂　1993　23, 485 p.
56) ニュークローヴ世界音楽大事典　講談社　1993-95　23冊.

NDC：770

57) 能・狂言事典　新訂増補　西野春雄, 羽田昶編　平凡社　1999　571 p.
58) 歌舞伎事典　新訂増補　服部幸雄ほか編　平凡社　2000　509, 20 p.
59) 演劇百科大事典　早稲田大学演劇博物館編　平凡社　1960-62　6冊.
60) 日本映画作品辞典　日本映画史研究会著　科学書院　1996　5冊.

NDC：780

61) オリンピック事典　日本オリンピック・アカデミー編　プレス・ギムナスチカ　1981　20, 820 p.
62) 運動生理・生化学辞典　大野秀樹ほか編　大修館書店　2001　525 p.

NDC：790
63) 角川茶道大事典　林屋辰三郎ほか編　角川書店　1990　2冊．
64) レクリエーション事典　日本レクリエーション協会監修　不昧堂　1971　654 p．

NDC：800
65) 言語学大辞典　1 - 6，別巻（『世界文字辞典』）　亀井孝ほか著　三省堂　1988 - 2001　7冊．

NDC：810
66) 国語学大辞典　9版　国語学会編　東京堂　1995　7,1253 p．
67) 漢字百科大事典　佐藤喜代治ほか編　明治書院　1996　1730 p．
68) 日本国語大辞典　第2版　同大辞典二版編集委員会編　小学館　2000 - 02　13冊．
69) 時代別国語大辞典　上代編，室町時代編　三省堂　1985 - 2001　6冊．
70) 大漢和辞典　諸橋轍次著　修訂第2版　鎌田正，米山寅太郎修訂　大修館書店　1984 - 90　13冊．
71) 角川古語大辞典　中村幸彦ほか編　角川書店　1982 - 99　5冊．
72) 略語大辞典　加藤大典編著　丸善　1995　1408 p．
73) 隠語大辞典　木村義之，小出美河子編　皓星社　2000　1488,205 p．

NDC：820
74) 中国語大辞典　大東文化大学中国語大辞典編纂室編　角川書店　1994　2冊．

NDC：830
75) 研究社新英和大辞典　第6版　竹林滋編　研究社　2002　21,2886 p．
76) ランダムハウス英和大辞典　第2版　同編集委員会編　小学館　1993　3185 p．
77) 新和英大辞典　第4版　増田綱編　研究社　1974　13,2110 p．

NDC：840
78) 独和大辞典　第2版　国松孝二ほか編　小学館　1998　25,2853 p．
79) 郁文堂独和辞典　第2版　富山芳正ほか編　郁文堂　1993　17,1828 p．

NDC：850
80) 小学館ロベール仏和大辞典　同編集委員会　小学館　1988　2597 p．

81) 仏和大辞典　伊吹武彦ほか編　白水社　1981　42, 2651 p.
82) 西和辞典　第20版　高橋正武編　白水社　1978　8, 982, 33 p.
83) 西和辞典　ビセンテ・ゴンザレス，一色忠良生編　エンデルレ書店　1986　15, 1547 p.

NDC：870
84) 現代伊和熟語大辞典　改定普及版　武田正実著　日外アソシエーツ　1993　16, 626, 187 p.

NDC：900
85) 集英社世界文学大事典　同編集委員会編　集英社　1996-97　全6巻.
86) 日本児童文学大事典　大阪国際児童文学館編　大日本図書　1993　3冊.
87) 世界児童・青少年文学情報大事典　藤野幸雄編訳　勉誠出版　2000-

NDC：910
88) 近世文学研究事典　第2版　岡本勝，雲英末雄編　桜楓社　1993　12, 438 p.
89) 上代文学研究事典　小野寛，桜井満編　おうふう　1996　676 p.
90) 日本近代文学大事典　日本近代文学館編　講談社　1977-78　6冊.
91) 日本現代文学大事典　三好行雄他編　明治書院　1994　2冊
92) 日本古典文学研究史大事典　西沢正史，徳田武編著　1997　15, 1243, 4 p.
93) 日本古典文学大辞典　市古貞次ほか編　岩波書店　1983-85　6冊.
94) 日本古典文学大辞典　大曽根章介ほか編　明治書院　1998　1446, 40 p.
95) 日本うたことば表現辞典　同刊行委員会編　遊子館　1997-2000　9冊.
96) 歌ことば歌枕大辞典　久保田淳，馬場あき子編　角川書店　1999　1031 p.
97) 俳文学大辞典　尾形仂ほか編　角川書店　1996　1184 p.

NDC：920
98) 中国現代文学事典　丸山昇ほか編　東京堂出版　1985　504 p.
99) 漢詩の事典　松浦友久編著　大修館書店　1999　923 p.

NDC：930
100) 英米小説原題邦題事典　日外アソシエーツ編・刊　1996　880 p.
101) アイルランド文学小事典　松村賢一編　研究社出版　1999　254 p.

1. 人文科学分野

NDC：950

102） 二十世紀のフランス文学　若林真ほか著　慶応通信　1983　239, 21 p.
103） ブラジル文学事典　田所清克, 伊藤奈希砂編著　彩流社　2000　402 p.

（3） 主な学術・研究団体の①設立②刊行物と③年間発行回数[1]

1） 日本哲学会　①昭和24　②哲学　③1回／年
2） 比較思想学会　①昭和49　比較思想研究　③1回／年
3） 日本思想史学会　①昭和43　②日本思想史学　③1回／年
4） 日本心理学会　①昭和2　②心理学研究　③6回／年
5） 日本発達心理学会　①平成1　②発達心理学研究　③3回／年
6） 日本宗教学会　①昭和5　②宗教研究　③3回／年
7） 神道史学会　①昭和27　②神道史研究　③4回／年
8） 日本佛教学会　①昭和3　②日本佛教學會年報　③1回／年
9） キリスト教史学会　①昭和24　②キリスト教史学　③1回／年
10） 日本基督教学会　①昭和27　②日本の神学　③1回／年
11） 日本デザイン学会　①昭和29　②デザイン学研究論文集　③6回／年
12） 日本音楽学会　①昭和27　②音楽学　③3回／年
13） 日本ピアノ教育連盟　①昭和59　②日本ピアノ教育連盟会報　③4回／年
14） 国語語彙史研究会　①昭和54　②国語語彙史の研究　③1回／年
15） 日本言語学会　①昭和13　②言語研究　③2回／年
16） 解釈学会　①昭和30　②解釈　③12回／年
17） 表現学会　①昭和38　②表現研究　③2回／年
18） 国語学会　①昭和19　②国語　③4回／年
19） 全国大学国語国文学会　①昭和31　②文学・語学　③4回／年
20） 日本方言研究会　①昭和40　②日本方言研究会研究発表会発表原稿集
　　③2回／年
21） 日本児童文学会　①昭和37　②児童文学研究　③1回／年
22） 日本文学協会　①昭和25　②日本文学　③12回／年

1） 『学会名鑑2001－03年版』日本学術協力財団　2001

23) 古事記学会　①昭和28　②古事記年報　③1回／年
24) 説話文学会　①昭和37　②説話文学研究　③1回／年
25) 上代文学会　①昭和27　②上代文学　③2回／年
25) 萬葉学会　①昭和26　②萬葉　③4回／年
26) 日本口承文藝學會　①昭和52　②口承文藝研究　③1回／年
27) 日本古典文学会　①昭和49　②日本古典文学会会報　③1回／年
28) 中世文学会　①昭和30　②中世文学　③1回／年
29) 中古文学会　①昭和41　②中古文学　③2回／年
30) 和歌文学会　①昭和30　②和歌文学研究　③2回／年
31) 俳文学会　①昭和25　②連歌俳諧研究　③2回／年
32) 日本近世文学会　①昭和26　②近世文芸　③2回／年
33) 日本近代文学会　①昭和26　②日本近代文学　③2回／年
34) 日本中国学会　①昭和24　②日本中国学会報　③1回／年
35) 日本キリスト教文学会　①昭和40　②キリスト教文学研究　③1回／年
36) 日本アメリカ文学会　①昭和37　②アメリカ文学研究　③1回／年
37) 日本英語学会　①昭和58　②English Linguistics　③2回／年
38) 日本英文学会　①昭和3　②英文学研究　③3回／年
39) 日本独文学会　①昭和22　②ドイツ文学　③2回／年
40) 日本フランス語フランス文学会　①昭和37　②フランス語フランス文学研究　③2回／年
41) イタリア学会　①昭和25　②イタリア學會誌　③1回／年

（4）　専門事典（英文）[1]

NDC：100

1) *Encyclopedia of philosophy*. Paul Edwards, ed. New York, Macmillan, 1967．8　vols.
2) *Dictionary of the history of ideas*. Philip. P. Wiener, ed. New York, Scribner, 1973－74．5　vols.

---

1) *Guide to reference books*. 11th ed. Robert Balay. Chicago, American Library Association, 1996，2020 p.

1. 人文科学分野

3) *Encyclopedia of bioethics.* rev. ed. Warren Thomas Reich, ed. New York, Macmillan, 1995. 5 vols.
4) *Encyclopedia of psychology.* Raymond J. Corsini, ed. 2nd ed. New York, Wiley, 1994. 2016 p.
5) *The encyclopedia of religion.* Mircea Eliade, ed. New York, Macmillan, 1987. 16 vols.
6) *The Oxford companion to the Bible.* Bruce M. Metzger, ed. New York, Oxford Univ. Press, 1993. xxi, 874 p.

NDC：700

7) *Encyclopedia of world art.* New York, McGraw-Hill, 1959 - 87. 17 vols.
8) *The International cyclopedia of music and musicians.* 11th ed. New York, Dodd, Mead, 1985. 2609 p.
9) *The new Grove dictionary of music and musicians.* Stanley Sadie, ed. London, Macmillan, 1980. 20 vols.
10) *McGraw-Hill encyclopedia of world drama.* 2nd ed. Stanley Hochman, ed. New York, McGraw-Hill, 1984. 5 vols.
11) *The Cambridge guide to theatre.* Martin Banham, ed. Cambridge, Cambridge Univ. Press, 1995. xiii, 1233 p.

NDC：900

12) *Classical and medieval literature criticism.* Dennis Poupard and Jelena O. Krstovic. Detroit, Gale, 1988 - 1995. 14 vols.
13) *Cassell's encyclopedia of world literature.* 2nd rev. and enl. ed. Buchanan-Brown, ed. London, Cassell, 1973. 3 vols.
14) *Critical survey of literary theory.* Frank N. Magill, ed. Pasadena, Calif. Salem Press, 1987. 4 vols.
15) *Encyclopedia of literature and criticism.* Martin Coyle, ed. London, Routledge, 1990. xix, 1299 p.
16) *Encyclopedia of world literature in the 20th century.* rev. ed.Leonard S. Klein. New York, Ungar, 1981 - 1993. 5 vols in 6：ports.
17) *A reader's guide to contemporary literary theory.* 3rd ed. Raman Selden and

Peter Widdowson. Lexington, Univ. Press of Kentucky, 1993. 244 p.

18) *The Oxford companion to American literature*. 5th ed. James D. Hart. New York, Oxford Univ. Press, 1983. 896 p.

19) *Reference guide to American literature*. 2nd ed. D. L. Kirkpatrick, ed. Chicago, St. James Press, 1987. x, 816 p.

20) *Dictionary of British literary characters*：18th-and 19th-century novels. John R. Greenfield, ed. New York, Facts on File, 1993. 655 p.

21) *The Oxford companion to English literature*. 5th ed. by Margaret Drabble. Oxford, Oxford Univ. Press, 1985. 1155 p.

22) *Reference guide to English literature*. 2nd ed. D. L. Kirkpatrick, ed. Chicago, St. James Press, 1991. 3 vols.

23) *Twentieth-century British literature*. Harold Bloom, ed. New York, Chelsea House Publishers, 1985－1987. 6 vols.

（5） 主な CD-ROM 資料の紹介

1） 西洋美術百科　日立デジタル平凡社　1999
2） シネマデータ・ベース　キネマ旬報　アジア・ヨーロッパ編，日本編　1996
3） 広辞苑　第5版　新村出編　システムソフト　1999
4） 今昔文字鏡　紀伊國屋書店　1999
5） Super 日本語大辞典　学習研究社　2000
6） 角川古語大辞典　角川書店　2002
7） リーダーズ＋プラス V 2　研究社　2000
8） 研究社ビジネス英語スーパーパック　研究社　1999
9） 研究社新英和・和英中辞典　研究社　1997
10） 新編英和活用大辞典　研究社　2000
11） 世界文学全集総覧　日外アソシエーツ　2000
12） 現代日本文学全集総覧　日外アソシエーツ　1999
13） 児童文学全集総覧　日外アソシエーツ　2002
14） 新編　国歌大観　角川書店　1996

2. 社会科学分野

(1) 社会科学全般

a. 文献案内

1) *Social Science Reference Sources : A Practical Guide*. Rev. and enl. 3 d ed. Tze-Chung Li. Westpoint, Conn : Greenwood, 2000. 495 p.

社会科学の諸学問分野に関する文献案内。19章からなり，社会科学一般および文化人類学，経営学，経済学，教育学，地理，歴史，法学，政治学，心理学，社会学などの10分野について，各分野別に簡略な概観と共に各種主要参考情報源を類型別に紹介している。著者，書名および件名索引がある。

2) *The Social Sciences : A Cross-Disciplinary Guide to Selected Sources*. 2 d ed. Nancy L. Herron, ed. Englewood, Colo.: Libraries Unlimited, 1996, 323 p.

政治学，経済学，経営学，歴史，法学（および法的問題），人類学，社会学，教育学，心理学，コミュニケーション，地理，統計学，人口学などに関連する主要参考情報源を類型別に紹介している。主題分野別に12章から構成され，各分野の概観と選定した資料に対する解題が付与されている。巻末に著者，書名および件名索引がある。

3) *Sources of Information in the Social Sciences : A Guide to the Literature*. 3 d ed. William H. Webb and Associates. Chicago : American Library Association, 1986, 777 p.

1973年にホワイト（Carl M. White）らによって編纂された古典的文献案内書の最新版。社会科学一般および歴史，地理，経済学，経営学，社会学，人類学，心理学，教育学，政治学など8つの分野を扱った文献案内書で，9章を20人の執筆者が分担執筆している。各章は "survey of the field" と "survey of reference works" の2部分からなり，総3,400種類の参考資料が紹介されている。巻末に総合索引がある。

b. 書誌・目録

1) *International Bibliography of the Social Sciences*.
London : Routledge, 1952 -   . Annual. Also online.

1950年, ユネスコの後援で創設された International Committee for Social Sciences Documentation によって国際的レベルの社会科学関連書誌を作成する趣旨で編纂された。世界各国の社会科学関係の単行書, 雑誌論文を選択的に収録した文献目録として, 社会学 (International Bibliography of Sociology), 経済学 (International Bibliography of Economics), 人類学 (International Bibliography of Social and Cultural Anthropology), 政治学 (International Bibliography of Political Science) の4部門の書誌を刊行している。

2) *World List of Social Science Periodicals*. 7th ed. UNESCO. Social Science Documentation Centre. Paris : UNESCO, 1986.

107カ国の3,515種の社会科学関連の定期刊行物に関する情報を提供する目録。各定期刊行物別に基本的な書誌情報とともに編集者や出版社の住所, ページ, 取り扱う主題および学問分野, 言語などを収録している。主題索引および地域別索引がある。

c. 索引・抄録

1) *Social Sciences Citation Index* (*SSCI*). Philadelphia : Institute for Scientific Information, 1976 - Biennial Also online, CD-ROM

世界各国で発刊される約1,700種類の社会科学および関連分野の雑誌とその他の文献の索引。Citation Index, Source Index, Permuterm Sub-ject Index, Corporate Index の4種類の索引からなり, 各用途に応じて使用できる。同一機関で刊行している同一パターンの Arts & Humanities Citation Index にも社会科学関連情報が索引されている。各々は SOCIAL SCISEARCH, ARTS & HUMANITIES SEARCH で DIALOG や BRS を通してオンライン検索が可能であり, SSCI は CD-ROM でも利用可能である。

2) *Social Science Index*, v. 1 -   , 1974 -   , New York : Wilson, Quarterly with ann. cum. Also online, CD-ROM

社会科学分野の約500余種の定期刊行物に記載された記事を対象とした, こ

の分野の代表的総合索引誌。著者名と件名をまとめてアルファベット順に排列し,書評索引は各号末に別途に付されている。オンラインと CD-ROM により利用可能である。

3) *Applied Social Science Index and Abstracts*（*ASSIA*）. 1987 -. London : Library Association. Bowker-Saur. Bimonthly with ann. cum. Also online, CD-ROM

主に英国や米国（一部ヨーロッパ諸国を含む）など16カ国において英語で発行されている応用社会科学関係の英文学術雑誌約 500 種のを対象とした関連記事の索引・抄録誌。社会福祉,失業問題など広範な主題を扱い,そのうちの,80％以上が米国,英国で発行されたものである。件名および著者名索引があり,CD-ROM は ASSIA PLUS の名称で提供されている。

d. 百科事典・辞典

1) ブリタニカ国際大百科事典　第2版改訂　ティービーエス・ブリタニカ　1991　28冊.
2) 世界大百科事典　平凡社　1981　33冊および別冊.
3) 大百科事典　平凡社　1984 - 85　16冊.
4) *New Encyclopaedia of Britannica.*
5) *The Encyclopedia of Americana.*
6) *Encyclopedia of the Social Sciences.* E.R.A Seligman, ed-in-chief. Alvin Johnson, assoc. ed. New York, Macmillan, 1930 - 35, 15 vols.
7) *International Encyclopedia of the Social Sciences.* David L. Sills. ed. New York, Macmillan and Free Press, 1968 - 91, 19 vols.
   Vol. 18.　New York, Free Press, 1979. 820 p.
8) *The Social Science Encyclopedia.* 2 d ed. Adam Kuper and Jessica Kuper, eds. London, Routledge and Kegan, 1999. 923 p.
9) *A Dictionary of the Social Sciences.* Julius Gould and William L. Kolb, ed. New York, Free Press, 1964. 761 p.

e. 団体・人名情報源

1) *Encyclopedia of Associations*. Detroit, Gale Research, 1956 –　Annual. Also online, CD-ROM.
2) *World Directory of Social Science Institutions*. 5 th ed. UNESCO, Social Science Documentation Centre. Paris. UNESCO, 1985.
3) *Research Centers Directory*. Detroit, Gale Research, 1960 –. Annual. Also online.
4) *International Encyclopedia of Social Sciences, Biographical Supplement*. Vol. 18. New York, Free Press, 1979, 820p.

f. データベース総覧

1) データベース台帳総覧　データベース振興センター　1983 –（年刊）
2) データベースディレクトリ　東洋経済新報社　1987 –（年刊）（1997年廃刊）
3) 世界　CD-ROM　総覧　共同計画　1988 –（不定期）
4) *Gale Directory of Databases*. Detroit, Gale, 1993 –　（annual）
5) *Data Base Directory*, 1984 –　, White Plains, N. Y. Knowledge Industry. ISSN　07496680.
6) *Directory of Online Databases*. Santa Monica, Calif. Cuadra Associates／Elsevier, 1979 –　, Quarterly. ISSN　01936840.
7) *Computer-Readable Databases ; A Directory and Data Sourcesbook*. Martha E. Williams, ed-in-Chief. Chicago, American Library Association, 1985 . 2 vols. ISBN　0444866154.

g. 電子情報資源（オンライン，CD-ROM および Web データベースなど）

1) *Academic Search Elite*
　　社会科学・人文科学等の学術雑誌の抄録・索引（2,794種）と全文情報（2,852種）。
　　EBSCO Publishing. Daily.
　　　http://www.ebsco.com/　http://www.epnet.com/academic/asearchelite.asp
　　　CD-ROM：同一名称

2. 社会科学分野

2) *DARE : Directory in Social Sciences-Institutions, Specialists, Periodicals*
UNESCO 社会・人文科学ドキュメンテーション・センター（Social and Human Sciences Documentation Centre）発行
社会科学分野の研究機関，専門家，情報サービス，定期刊行物などの案内・リスト。
http://www.unesco.org/general/eng/infoserve/db/dare.html

3) *Dissertation Abstracts International*（*DAI*）: *The Humanities and Social Sciences*
UMI, 1938 - ．Monthly. http://www.umi.com/
DIALOG; OCLC, CDP, SilverPlatter
CD-ROM: Dissertation Abstracts Ondisc（DAO）. Quarterly.

4) *Government & Social Science Information*
http://www.lib.berkeley.edu/GSSI/subjects.html
米国・外国の政府刊行物，国際機関の刊行物と社会科学分野のインターネット情報源。

5) *INFOMINE : Scholarly Internet Resource Collections*
http://infomine.ucr.edu
人文・社会科学分野の学術・研究情報の virtual Library。

6) *Internet Public Library*
http://www.ipl.org/div/subject/
インターネット公共図書館サイトとして，[主題 collections]の中に社会科学関連の分野別案内。

7) *ISI Journal of Citation Reports*
Institute for Scientific Information
社会科学分野の主要雑誌1,700種の情報，雑誌の重要度を判断するツールとして有用。
http://www.isinet.com/isi/products/citation/jcr
CD-ROM: Journal Citation Reports on CD-ROM
WEB: Journal Citation Reports on the Web

8) *ISI Web of Science*
http://www.isinet.com/
ISI サービスの SCI, SSCI, A&HCI 等の引用索引を Web でアクセス可能，世界約8千種の主要雑誌の索引。

9) *Periodicals Contents Index*（*PCI*）

Chadwyck-Healy, Ltd.

人文・社会科学分野の雑誌3,500種に関する索引情報。

http://www.chadwyck.com/products/pt-product-pci

CD-ROM：同一名称

10) *Social Indicators*

http://unstats.un.org/unsd/demographic/social

国連の統計部署 (Dept. Economic and Social Affairs, Statistics Division) が提供する社会指標のデータ。

11) *Social Science Information Gateway*（*SOSIG*）

http://www.sosig.ac.uk/

英国のResource Discovery Networkの一部として社会科学分野の学術・研究情報の膨大なデータ提供。

12) *UK Data Archive*

http://www.data-archive.ac.uk

英国内の人文・社会科学分野のディジタル・コレクション。

13) *UMI ProQuest Digital Dissertations*

http://wwwlib.umi.com/dissertations/ http://www.proquest.com/hp/products/di ssertations/html

世界各国の学位論文(1,600万タイトル)の書誌および抄録情報。

14) *UNESBIB : Bibliographic Records of UNESCO documents, publications, library collections*

1942年以降UNESCO刊行のドキュメント・出版物及び図書館所蔵資料の書誌データ。

UNESCO. http://unesdoc.unesco.org/ulis/unesbib.html

15) *Wilson Omnifile Fulltext Database*

H.W. Wilson.

http://www.hwwilson.com/database/omnifile/.

・*Wilson Omnifile : Full Text : Mega Edition*, Full Text；1994 － ； Abstracts；1984 －；Index. ：1982 － ．

雑誌 1,260 種の全文と 5,000 種の抄録および索引情報。
- *Wilson Omnifile : Full Text Select*：1994 — .
雑誌 1,260 種の全文と 2,500 種の抄録および索引情報。

16) *World Wide Web Virtual Library : Social Sciences Virtual Library*
    http://www.clas.ufl.edu/users/gthursby/socsci/
    WWW Virtual Library の社会科学分野の電子雑誌，学会，主題別リストなど。

h. 主要定期刊行物

1) *International Social Science Journal*. v.1— . 1959 — . Paris : Blackwell/UNESCO. Quarterly.

2) *International Social Science Review*. v.1— . 1925. Toledo, Ohio : Toledo University. Quarterly.

3) *The Social Science Journal ; Official Journal of the Western Social Science Association*. v.1— . 1963 — . Greenwich, Conn.; JAI Press. Quarterly.

4) *Social Science Research : A Quarterly Journal of Social Science Methodology and Quantitative Research*. v.1— . 1972 — . New York : Academic Press. Quarterly.

(2) 社会科学各分野（海外資料）

a. 〈社会科学全般〉

1) *Encyclopedia of Public Affairs Information Sources*（*EPAIS*）. P. Wasserman, J. R. Kelly, and D. L. Vikor, eds. Detroit : Gale, 1988. 303 p.

行政業務に関する内容と関連のある主題標目をアルファベット順に排列し，その下に類型別（抄録サービス，索引，情報システム，学協会，オンラインデータベース，研究センターなど）に資料を列挙している参考情報源。書名は百科事典となっているが，実際は情報源案内書。

2) *Humanities Index*, v.1— , 1974 — , New York : Wilson. Quaterly with ann. cum. Also online, CD-ROM.

人文科学分野の代表的な件名・著者索引。人文科学分野の定期刊行物347種

に収録されている記事を対象とするが,歴史,考古学,言語学など社会科学関連分野も一部含んでいる。*Social Sciences Index* を補完するものといえる。オンラインと CD-ROM による検索も可能である。

3) *Public Affairs Information Service Bulletin*, 1 st-, 1915 - , New York : Public Affairs Information Service.Semimonthly. 5/yr and ann. cum. Also, online, CD-ROM.

　世界各国で英語で刊行されている経営,経済,社会的事情,公共行政,外交関係などに関する英文雑誌・最新図書,パンフレット,政府刊行物などを選択的に採録した索引誌,件名の ABC 順排列。最新性と包括性に優れ,社会科学分野における最も優れた索引ツールの一つとされている。BRS と DIALOG を通したオンライン検索と CD-ROM の利用も可能である。

b. 〈社 会 学〉

1) *International Bibliography of Sociology*. v.1- 9, 1951 - 59, Paris : UNESCO, 1952 - 61. v.10- , 1960 - , London : Tavistock : Chicago : Aldine, 1962 - , Annual.

　ユネスコの財政援助を受けて刊行する *International Bibliography of the Social Sciences* シリーズの一つで,ほかに政治,経済,人類学編が刊行されている。社会学関係の学術図書,雑誌論文,研究報告書,学位論文,政府刊行物,マイクロ資料などを対象に,国,言語,形態に限定されることなく,社会学,社会心理学,人口学などの各分野で出版された主要資料を収録している。著者のアルファベット順に排列されている。収録対象年度と刊行にタイムラグがある。解題はないが,索引は著者および件名索引がある。

2) Sociology : *A Guide to Reference and Information Sources*. 2 d ed. Stephen H. Aby. Littleton, Colo.: Libraries Unlimited, 1987, 231 p.

　社会学および関連分野,社会科学一般に関する解題書誌。参考情報源,定期刊行物ばかりでなく,団体,機関,データベース提供機関,出版社名なども含まれる。全体は3部分から構成され,特に最後のパート3では,形態区分による社会科学全般の参考情報源および23の専門分野に細分して,それぞれの関連資料を収録している。社会学はもちろん,社会科学全般に有用な参考情報源

である。

3) *Sociological Abstracts*. v.1- , 1952 - , San Diego : Sociological Abstracts. 7/yr. Also online, CD-ROM.

社会学分野の重要な抄録誌として，この分野の主要学術誌の記事はほぼすべて採録され，一部関連分野の学術誌に収録された記事は選択的に含まれている。社会学の33の大主題区分の下，さらに小主題に分けて排列している。主題，著者，ソース (source) 索引があり，抄録対象誌に収録されている書評目録も提供している。オンラインおよびCD-ROMでも利用可能。

c. 〈人類学〉

1) *Anthropological Bibliographies* : A Selected Guide. Library Anthropology Resource Group, Margo L. Smith and Yvonne M. Damien, ed. South Salem, N. Y.: Redgrave, 1981, 307 p.

約3,200余種の人類学関連書誌，映画関係文献，吹き込みレコード目録などに関する案内書。8地域別区分の下，さらに国家，領域，主題に分けて排列している。一部資料には簡略な解題があり，包括的な索引がある。

d. 〈政治〉

1) *The Information Sources of Political Science*, 4 th ed. Fredrick L. Holler. Santa Barbara, Calif.: ABC-Clio, 1986, 417 p.

政治学分野の総合的な参考情報源の解題書。全体は3つのパートから構成され，パート1は序論，パート2は本書の中心部分で7つの細区分の下に総計2,423種の参考情報源が紹介されている。パート3には著者名，書名，件名索引が付いている。

2) *Political Science : A Guide to Reference and Information Sources*. Henry E. York. Englewood, Colo.: Libraries Unlimited. 1990, 249 p.

政治学およびその下位主題，関連社会科学分野の主要参考情報源805種を解題をまじえて案内する。全体は，(1) 社会科学一般，(2) 社会科学学問分野，(3) 政治学一般，(4) 地域による政治学，(5) 主題による政治学，(6) 公共政策などの6つの章からなり，各章では，各記載が刊行物の類型の下にアルファベット

順に排列されている。主に，1980－1987年間に刊行された英文資料で構成され，著者・書名，件名索引がある。

3) *International Bibliography of Political Science : Bibliographie Internationale des Sciences Sociales*, v.1－ . 1962. London : Routledge. 1954－ . Annual.

ユネスコの財政援助で発行されている *International Bibliography of the Social Sciences* の4つの書誌のうちの一つ。政治学，政治思想，政府および公共行政，政府機構，国際関係，地域研究の6部分に区分されている。図書，学術誌記事，官庁刊行物などを収録しており，件名・著者名索引がある。

4) *International Political Science Abstracts : Documentation Politique Internationale*, v.1－ . 1951－ . Paris : International Political Science Association. Bimonthly.

世界各国で発刊されている約600余種の政治学分野の学術誌に収録された記事についての季刊抄録誌。政治学，政治思想家および政治思想，政府と行政機構，政府過程，国際関係，国家と地域研究の6つの区分の下の関連資料がそれぞれ排列されており，英文記事は英語で，他の言語で書かれたものはフランス語で抄録が記載されている。件名・著者名索引がある。

e.〈経 済〉

1) *Information Sources in Economics*. 2 d ed. J. Fletcher, ed. London : Butterworths. 1984. 139 p.

経済学分野の参考情報源案内書として，(1) libraries, (2) materials, (3) subjects の3部分に分かれている。(1)では，経済学資料，文献探索，組織に強い英国・米国の図書館を扱い，(2)では，主に経済学者が多く利用するこの分野の各種主要参考情報源を，そして(3)では，さまざまな主題領域に関する内容が盛り込まれている。主に，英国の出版物に重点をおいている。

2) *Abstracts of Working Papers in Economics : The official Journal of the AWPE Database.*, 1986－ . New York : Cambridge University Press. Quarterly. Also online.

世界の60余の主要国の研究機関の経済学者により生産された論文について

の抄録誌であり,各号は約400の抄録を収録している。特にアメリカで出版された論文資料を探すときに有用である。この抄録誌はAWPEというデータベース名でBRSを通してオンライン検索が可能で,このデータベースは毎月更新される。

3) *Index of Economic Articles in Journals and Collective Volumes*, 1886/1924 – . Nashville, Tenn.: American Economic Association, Annual. Also online, CD-ROM.

経済学関連文献についての主要索引。約300余種の学術誌から選定された記事,記念論文集,会議録,エッセイ集,図書などが索引対象となっている。収録する文献は英語で書かれたか,少なくとも英文で要約されたものとしている。記事はアメリカ経済学会(AEA)で展開された分類システムに従い排列されている。同一の分類の中は著者名のアルファベット順に排列されている。オンライン検索も可能である。

f. 〈経　営〉

1) *Handbook of Business Information : A Guide for Librarians, Students, and Researchers*. Diane Wheeler Strauss. Englewood, Colo.: Libraries Unlimited. 1988. 537 p.

経営学を研究する学生,研究者および図書館員に有用なこの分野の便覧的案内書。経営学用語の解説および主要情報源利用法を図を交えて説明している。全体は2部分からなり,パート1では一般的な経営学参考情報源を形態別に紹介,パート2ではマーケティング,会計,金融,保険など経営学の特殊主題分野の関連情報源を案内している。

2) *Encyclopedia of Business Information Sources*. 12th ed. Detroit : Gale, 1998 – . Biennial with Periodic Supplement.

経営学関連の参考情報源を約1,000の主題標目の下に列挙する書誌として,該当主題にどのような主要資料があるのかを迅速に探すことができる長所をもつ。解題はごく一部の資料に与えられているのみであるが,特に企業の参考情報源を探索するのに有用である。

3) *Business Periodicals Index*. New York : H. W. Wilson. 1958 – . 11

monthly issues, with ann. cum. Also online, CD-ROM.

最も基本的に利用されている経営学分野の主題索引。取り扱う主題範囲は会計,広告,金融,建設,化学産業,通信,コンピュータ,製薬および化粧品,経済,食品産業,財政,投資,保険,国際企業など多様である。約300余種の英文定期刊行物が索引対象となっている。オンライン,CD-ROMによる検索も可能である。

g. 〈法　律〉

1） *International Legal Books in Print*：An Annotated Bibliography. D. Chapman, ed. London ； N. Y.: Bowker-Saur, 1990. 2 vols.

英国,西欧,英連邦において出版もしくは流通している約20,000種の英文法律関連図書についての包括的書誌。1巻は著者・書名がまとめて一つのアルファベット順に排列されており,2巻は2,000の主題標目にそって排列されている。一部には解題が添付されている。

2） *Law Books and Serials in Print : A Multimedia Sourcebook*. 1985- . New York : Bowker, 1988- . Quarterly cumulations.

Law Books, 1876 - 1981：Books and Serials in Law and Its Related Subjects（Bowker. 1981. 4 vols.）の続版として,図書およびオーディオカセット,ビデオカセット,ソフトウェア,オンライン・データベースなどをすべて包括した複合媒体情報源目録。季刊累積版。

3） *Current Law Index*, 1980- . Sponsored by the American Association of Law Libraries. Foster City, Calif.: Information Access Company. Monthly with ann. cum. Also online, CD-ROM.

米国,カナダ,英国,アイルランドで刊行されている法学および関連分野の700余種の定期刊行物についての索引。主題名索引,著者名・記事名索引,Table of Cases, Table of Statutesの4部分からなる。CD-ROM, LegalTrac, DIALOG, BRS, LEXIS, WESTLAWなどを通してオンライン検索も可能である。

h. 〈行　政〉

1) *Sage Public Administration Abstracts*. Beverly Hills, CA : Sage Publications, 1973 –　. Quarterly with ann. cum.

　行政学についての季刊抄録誌。各号は行政学分野の重要な最近の文献を対象にしている。英文の図書，定期刊行物記事，パンフレット，政府刊行物が主で，行政構造，行政および政治学，政治制度，社会政策などの主題の下に年間約1,000件の記事を収録している。各号ごとに主題・著者索引があり，これは年刊累積索引を構成する。

i. 〈教　育〉

1) *Education : A Guide to Reference and Information Sources*. 2 d ed. Nancy P. O'Brien. Englewood, Colo. : Libraries Unlimited, 2000. 189 p.

　教育学分野の676種の印刷資料，データベース，研究センター，定期刊行物など総900余の参考情報源が収録された案内書。全体は総20章からなり，4つの章は一般参考情報源，残り16の章は教育学関連参考情報源を収録している。

2) *Current Index to Journals in Education* (*CIJE*). Phoenix, Ariz. : Oryx Press. 1969 –　. Monthly with semi-ann. cum. Also online, CD-ROM.

　米国の教育情報センター（ERIC）のプロジェクトとして，教育関連学術誌についての現行索引。現在約770種以上の教育および教育関連の英文雑誌を対象にしている。Thesaurus of ERIC Descriptors (1986) の主題に沿って排列されている。件名索引と著者名索引がある。この索引は研究報告書などを対象とした抄録サービスである Resources in Education (RIE) の姉妹誌でもある。これら2つとも BRS, DIALOG, ORBIT を通じてオンライン利用ができ，CD-ROM 利用も可能である。

(3) 社会科学各分野（国内資料）

a. 〈社会科学全般〉

1) 社会科学大辞典　改造社　1930.

　　1929年現在でまとめられたもの。戦前の関係項目を調べるのに役に立

つ。
2) 社会科学大事典　鹿島研究所出版会　1968 – 71 年　20 冊.

　　広く社会科学全般にわたって，関係用語，人名，事項などを見出し語として選び，五十音順に排列して，解説をつけている。第 20 巻は索引。
3) 社会科学論文総覧　日本図書センター　1984　6 冊.

　　『法政・経済・社会論文総覧』と『国民経済雑誌』連載の文献目録を複製，合冊したもの。前者は 1927 年まで，後者は 1928 年から 1947 年までの文献が対象である。
4) 雑誌記事索引　人文社会編　累積索引版　1948 – 89　日外アソシエーツ，国立国会図書館　1975 – 95.

　　カレント版および遡及版（1975年度より）は「NDL CD-ROM LINE 雑誌記事索引」
5) Joint月刊雑誌記事索引　経済編，産業・企業編　日外アソシエーツ　1979 – 95.

b. 〈社 会 学〉

1) 新社会学辞典　有斐閣　1993.

　　関連分野も含めた領域の用語約 6,000 項目が収録されている。各項目の最後に参考文献がある。巻末に付録と索引がある。
2) 社会学事典　弘文社　1988.
3) 現代社会学辞典　有信堂　1984.
4) 社会学研究文献要覧　昭和40 – 49年　日外アソシエーツ　1977.

c. 〈民俗学・文化人類学〉

1) 文化人類学事典　弘文堂　1987.

　　関係項目約 2,600 を選び，五十音順に排列した小項目主義の事典。多くの項目に参考文献がついている。巻末には和欧の事項・人名索引，民俗・語族索引がある。
2) 文化人類学研究文献要覧　昭和 20 – 49 年　日外アソシエーツ　1979.
3) 民俗研究ハンドブック　吉川弘文館　1978.

4) 日本民俗事典　弘文堂　1972.
5) 日本民俗学文献総目録　弘文堂　1980.
6) 民俗学関係雑誌文献総覧　国書刊行会　1978.

d. 〈政治・法律〉

1) 行政百科大辞典　ぎょうせい　1975　6冊.
　　行政関係の用語, 関連語を選択し, 3,500項目にまとめて解説し, 50音順に排列してある.「追補I」は1977年1月までの補遺と総索引.
2) 政治学研究入門　東京大学出版会　1974.
3) 現代政治学事典　ブレーン出版　1991.
4) 国民法律百科大辞典　ぎょうせい　1984.
5) 新法学辞典　日本評論社　1991.

e. 〈経　済〉

1) 経済学大辞典　第2版　東洋経済新報社　1980　3冊.
　　全体を19の大項目に分け, その中を細分した中項目で解説を加え, 参考文献を添えている.
2) 経済学辞典　第3版　岩波書店　1992.
3) 体系経済学辞典　第6版　東洋経済新報社　1984.
4) 経済学文献季報　紀伊國屋書店　1956－
5) 経済学二次文献総目録　有斐閣　1971.

f. 〈教　育〉

1) 教育学事典　平凡社　1954－56年　6冊.
2) 教育研究事典　金子書房　1954.
　　明治以降の文献が豊富で, 第二次世界大戦終戦までの教育研究の経緯を跡づけるのに役立つ.
3) 新教育学大事典　第一法規出版　1990　8冊.
4) 現代教育学事典　労働旬報社　1988.
5) 教育学関係参考文献総覧　帝国地方行政学会　1971.

g. 〈歴　史〉
1）　世界歴史大事典　教育出版センター　1985　22冊．
　　　　五十音順排列の学習者向きの事典。各項目は署名入りで解説し，参考文献を添えているものが多い。第21巻は総索引，第22巻は類別索引。
2）　世界歴史事典　平凡社　1951－55　25冊．
3）　アジア歴史事典　平凡社　1959－62　12冊．
4）　国史大辞典　吉川弘文館　1979－93　14冊．
5）　日本歴史大辞典　増補改訂版　河出書房新社　1968－70　12冊．
6）　読史備要　講談社　1966（復刻）．
7）　読史総覧　人物往来社　1966．
8）　日本史資料総覧　東京書籍　1986．

h. 〈地　理　学〉
1）　地理学辞典　改訂版　二宮書店　1989．
2）　図説世界文化地理大百科　朝倉書店　1984－
3）　日本の文化地理　講談社　1974　18冊．
4）　日本地理風俗大系　誠文堂新光社　1959－60　13冊．
5）　地理学文献目録　柳原書店，大明堂　1953－（5年に一度発行）
6）　地理学研究のための文献と解題　古今書院　1969．

（4）　主要情報サービス機関および学術・研究団体

　前述したとおり，社会科学情報の生産および流通機関は多くの専門学術団体などを含んでいる。本章においては，その中で特に社会科学情報全般を扱うことで学問の発展に寄与し，情報サービスの主軸となっている外国の代表的社会科学関連機関や団体を選び，それぞれについて概観することにする。

　1）　American Institutes for Research in the Behavioral Sciences（AIR）.
　　　米国内の行動科学に関連する社会的主要問題に関するプログラムを開発・研究する機関として1946年に設立された。広範囲な人間行為に対する科学

的理解を増進させるための一般的なルールを設定することを目的にしており，産業体，財団，政府機関などの支援を受けて運営されている。

2) Asia-Pacific Information Network in Social Sciences (APINESS).

1986年5月，ユネスコ社会科学諮問官室とアジア社会科学研究協議会が共同主催した「アジア太平洋地域社会科学情報資料ネットワーク設立会議」の開催結果を受けて，発足した機関であり，1989年9月，バンコクで第1回会議が開催された。推進している主要事業としては，社会科学と関連した，(1) 基礎資料と統計調査，(2) 情報処理方式の標準化，(3) 専門職養成，(4) 情報と出版物の相互交換，(5) 下部ネットワーク（女性問題，平和，人権研究など）設立を通したネットワークの拡張などを目標にしている。

3) Association of Asian Social Science Research Councils (AASSREC).

アジア太平洋地域の13カ国が会員として加入している多国間の社会科学協議会。1973年に設立された。ニューデリーに本部があり，アジアの社会科学者間の情報交換および学者らの国際的交流を目指し，この分野の若手研究のため，研究機会の可能性を増進させることを目的としている。アジア地域の社会科学研究趨勢を定期的に評価し，アジア各国で出版される資料についての抄録サービス，研究資料の翻訳支援などを計画している。また，共同研究プロジェクトを遂行し，定期セミナーも開く。AASSREC Panorama（半年刊），Asian Social Scientist（2年刊）およびシンポジウム論文などを発刊する。

4) Brookings Institution

米国内の経済，政府，外交政策分野の研究，教育，出版を超党派的立場で重点的に遂行している独立機関で，約85,000の蔵書をもつ図書館も備えている。会議，フォーラム，セミナーを数多く開催する。公共政策教育センター，経済研究，外交政策研究，情報研究，社会科学コンピュテーションセンターなどの各部署がこれに属し，年次報告書，Brookings Directory（年刊），Brookings Papers on Economic Activity（半年刊），Brookings Review（季刊）など数種の刊行物がある。

5） European Coordination Centre for Research and Documentation in Social Science.

別名 Vienna Centre とも呼ばれるヨーロッパの社会科学者および研究者のための多国家間の統合センターとして，国際社会科学協議会（International Social Science Council）の自治的な部署である。1963年に設立され，21カ国の会員国で構成されている。東西ヨーロッパ各国の研究者が共に参加できるプロジェクトに特に重点をおき，国際間の科学的協調関係を強化し，各国間の横断的な研究を奨励することに目的をおいている。こういった目的達成の一貫として社会科学情報およびドキュメンテーション・ヨーロッパ協力プログラム（ECSSID）も開発した。ウィーンに本部をおき，*ECSSID Bulletin*（季刊）や図書，比較研究論文などを刊行している。

6） International Association for Social Science Information Service and Technology （IASSIST）.

機械化された社会科学データ記録保存所，データ図書館，データサービス機関を管理・運営・利用させることに関わる個人によって構成されている専門協会である。1974年，米国のサンタモニカに設立された。データベース構築，維持，配布のための地域的・国家的情報センターの設立を奨励・支援し，データベースのための情報センターと関連して国家間の情報交換および配布を増進することに目的をおいている。会議を主管し，ワークショップ，セミナー，訓練のための講座を提供し，*IASSIST Quarterly* を刊行する。機械化された社会科学データに関心のある人ならば誰でも会員資格が与えられる。

7） International Federation of Data Organizations for the Social Sciences （IFDO）.

全世界の社会科学データ機関のデータおよび技術交換増進のためのプロジェクトの向上を目指して1977年に設立された機構であり，本部はアムステルダムにある。国際的会議とセミナーを主管し，ワークブック，補助教材などを提供するほか，会議録やその他の文書も刊行する。標準的なコードブックの開発およびデータファイルのための適切な書誌的引用を作成すべく利用可能なデータファイルを作成し，データファイル内容の概要を準備する

ためのソフトウェアを提供する。本機構の会員は，コンピュータ化された数値情報，データ，ドキュメンテーション，分析などを，必要とする社会科学分野の機関にサービス提供しているデータ機関で構成されている。

8) International Federation of Social Science Organizations (IFSSO).

　国家・地域間の社会科学機関および研究団体の連盟であり，本部はコペンハーゲンにある。1979年に設立され，32カ国が会員国として加入している。社会科学の支援と発展およびこの分野の国際間の協力増進に目的をおいている。国際間のコミュニケーションと情報交換のためのフォーラムを提供し，セミナーとワークショップを後援する。刊行物としては，*International Directory of Social Science Organization* （2年刊）やニュースレターなどがある。

9) International Social Science Council (ISSC).

　パリに本部をおく国際社会科学協議会であり，社会科学研究および社会科学分野の学者間の国際交流促進を目指して1952年に設立された。現在会員機関は43あり，国際的社会科学機構，社会科学分野において重要な貢献をした専門家や協会に会員資格が与えられている。社会科学研究に関する国家的・地域的機構を設立もしくは強化しようとする開発途上国に必要な支援を提供し，UNおよび傘下特殊機構とも協力関係をもつ。2年に一度，総会を開催し，刊行物としては *ISSC Bulletin* （季刊）などがある。

(5) 日本の主要な情報サービス機関・学協会

情報サービス機関・学協会	設立年	所在地	刊行物
1）総合研究開発機構（NIRA）	1974	渋谷区	NIRA政策研究（月）
2）生命保険文化研究所（文研）	1965	大阪市	文研論集
3）厚生労働省人口問題研究所（人口研）	1939	千代田区	人口問題研究
4）日本労働研究機構	1990	練馬区	日本労働研究雑誌（月）
5）国民生活センター	1970	港区	月刊国民生活
6）㈶統計研究会	1947	港区	研究報告書（不定期）
7）㈶日本経営史研究所	1985	千代田区	経営と歴史（不定期）
8）㈶日本貿易振興会（JETRO）	1958	港区	通商弘報（日刊）
9）三菱経済研究所	1932	文京区	経済の進路（月刊）
10）㈶海事産業研究所	1974	千代田区	所報（月刊）
11）運輸経済研究センター	1968	港区	MOBILITY（季刊）
12）比較法研究センター	1977	京都市	月報
13）経済資料協議会	1951	八王子市	経済学文献季報
14）日本不動産学会	1984	千代田区	日本不動産学会誌
15）経営史学会	1964	文京区	経営史学
16）日本保険学会	1950	千代田区	保険学雑誌
17）日本統計学会	1931	港区	日本統計学会誌
18）日本商業学会	1951	千代田区	年報
19）鉄道史学会	1938	千代田区	鉄道史学
20）日本経営学会	1925	国立市	経営学論集
21）日本商品学会	1935	国立市	商品研究

資料　1）　専門情報機関総覧　2000　専門図書館協議会　2000．
　　　2）　全国学術研究団体総覧　平成5年　大蔵省印刷局　1993．

3. 自然科学分野

(1) 一次資料

a. 原著論文

科学雑誌の原著論文は，科学技術情報の伝達手段として最も効果的な資料形態である。科学雑誌の論文は，現在，そして当分の間は，科学共同体にとって極めて重要なものであり，継続するものと思われる。

理工学分野の論文の引用文献の種類を調査した結果では，物理学や化学では引用文献の8割以上が雑誌論文で，他分野でも雑誌論文の引用は6割を超えている[1]。

科学雑誌は，科学者間のある特定の規範に従ったコミュニケーション手段であり，掲載される原著論文は科学的価値判断によって選択される。

すなわち，① 報告されている研究が正しく行われている。② その研究成果がこれまで実施された研究業績と明確な連続性をもっている。③ 将来の研究方向を指示していることに基づくものである。さらに，④ 編集者やレフリー制度により質的管理が保たれている。⑤ 学問領域における先取権を確立する公認メディアである。⑥ 学術や教育の知識母体として蓄積される。という特徴を備えている。

b. レター・短報

学協会から発行される学術雑誌は，前述の厳重なレフリー制度によって内容をチェックされ，質的なレベルを保っている反面，論文刊行段階（投稿―審査―刊行）でのタイムラグ（time lag）が際立つようになった。これが速報誌（予報，寄せ書，レター）の発生とその促進をもたらした。これらは1960年代から物理学分野で生まれ，その後，各分野に普及した。

速報誌には，① 一次雑誌の速報欄（*Journal of the American Chemical Society*；

---

1) 斎藤慶一郎他　引用文献からみた理工学分野における文献利用の特徴　*Library and Information Science*. No. 23．p. 125 - 135．1985．

Nature など）や，② 速報専門誌（*Physical Review Letter* ; *Tetrahedron Letter* など）の2種類の形態で刊行されている。

c. レビュー

原著論文が増加したことで，研究者は，従来のように，自分に関連のある文献をすべて読むことは不可能になってきた。後述の二次資料，抄録誌や索引誌では自分の欲しい文献が見つかったとしても，最終的には元の原文を読んで消化しなければならない。しかし，現状ではあまりにも読むべき論文が多すぎて困難である。このような状況を踏まえて，情報量の増加に対処するため登場したのがレビューである。

レビューとは「ある特定の問題について，いままで発表された重要な研究開発上の成果を総合的に展望し，それらについての批判や評論を加え，現在までの進歩の状態や動向を明らかに示すようにまとめたもの。総説，展望などと訳され，一般に参考文献の数が40点以上のもの」をいう。世界最初のレビューは，1795年にドイツで刊行された *Berlinisches Jahrbuch der Pharmazie* である。

レビューの利用目的について，パピエール（L. Papier）[1]は以下の4点をあげている。

① 自分の専門分野で十分に精通していない部分を理解したり，新しい関連分野の動向を知る。
② 自分の専門分野の進歩についていくための最新文献を得るため
③ 特定の事柄やデータについての情報を得るため
④ 新しいアイディアや創造性の源泉として

レビューの種類と形式

レビューには，現状を網羅的に記述した omunibus review（網羅的レビュー）と，ある主題に対して調査分析し，評価を加えて，その分野の方向づけをして展望を記述した critical review（批評的レビュー）とがある。情報が氾濫している今日，特に批評的レビューが利用者から最も必要とされる資料と考え

---

1) 津田良成：*Bibliography of Medical Reviews* に載った日本のレビュー文献 *Library and Information Science*. No. 14 p.129 – 144. 1976.

られている[1]。

次に,レビューの出版形式であるが,レビューには,① 雑誌論文の一部として掲載されるもの(Science, Scientific American, Nature など),② レビュー誌(総説誌・展望誌,評論誌などともいう)として出版されるもの(Bacteriological Reviews など),および,③ 図書形態で出版されるもの(英文のものでは Advances in…, Annual Review of…, Progress in… などの冠称が付けられることが多い)の3種類がある。このようにレビューは多様な形態で発行されているが,理想的なレビューとして,以下の観点から評価することが必要である。

① 著者がその分野の専門家によって書かれていること。② 批評的な態度で書かれていること。③ 網羅的であること。④ 明確な表現でバランスのとれた取り扱いをしていること。⑤ よい文献リストがつけられていること。⑥ 図・表も必要に応じて示されていること。

最後に,良いレビューの一例として,Year Book シリーズを紹介する。Year Book は,1900年にアメリカのギュスタバス(P. H. Gustavas. P. Head)によって企画編集されたもので,以来,一世紀に近い歴史をもっている医学関係のレビューである。

現在 Year Book シリーズは,過去1年間に発表された当該分野の研究論文を厳選して,それぞれを要約し,必要に応じて図表・写真などを加えている(3－1図)。論文の内容を表す抄録も一般の抄録誌よりも詳細に述べられている。医学全般を42セクション,42冊にまとめ,米国の世界的な医学の出版社 Mosby 社から発行されている。Mosby 社は世界的規模で発表された約1,000種の医学雑誌に掲載された約25万件の文献中から社外の外部専門家270人の編集者の協力によって5％の論文が選択され,Year Book シリーズに収録される。さらに,そのなかで編集者が重要と判断した論文には図表・写真が収められ,これらを見ることで,元の原文に当たらなくても内容が理解できるように作成されている[2]。

近年,Year Book はセクションが縮小され,2006年度は31セクション,31

---

1) W. D. ガーベイ著,津田良成監訳・高山正也他訳　コミュニケーション—科学の本質と図書館員の役割— 敬文堂　1981.
2) Year Book of Vascular Surgery. Mosby., 1996.

The Transposed Forearm Loop Arteriovenous Fistula: A Valuable Option for Primary Hemodialysis Access in Diabetic Patients

Gefen JY, Fox D, Giangola G, et al (St Luke's-Roosevelt Hosp, New York)
Ann Vasc Surg 16:89-94, 2002
11-2

Introduction.—The Brescia-Cimino fistula has an overall long-term patency rate of nearly 83%; results are lower, however, for patients with diabetes. The early experience with the transposed forearm loop arteriovenous fistula (AVF) (Fig 1), an underused option for autologous hemodialysis access for patients with diabetes is discussed. This approach avoids using forearm arteries, which are often atherosclerotic and inadequate for fistula formation, while still making full use of the forearm veins.

Methods.—Between 1999 and 2001, 16 patients with diabetes and with forearm arteries inadequate for a Brescia-Cimino fistula underwent a transposed forearm loop AVF. All patients underwent preoperative Doppler US vein mapping and examination of the radial and ulnar arteries at the level of the wrist. Nine patients also underwent examination of the brachial artery at the level of the elbow. In all patients, the forearm segment of the basilic or cephalic vein was transposed to create a U-shaped loop and was anastomosed to the brachial, proximal radial, or proximal ulnar artery distal to the antecubital fossa. Functional patency was considered as usability for dialy-

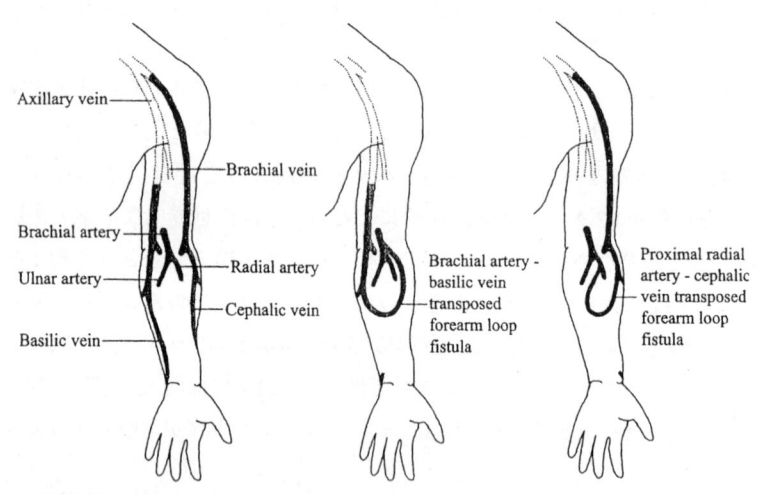

FIGURE 1.—Transposed forearm loop fistula configurations. (Courtesy of Gefen JY, Fox D, Giangola G, et al: The transposed forearm loop arteriovenous fistula: A valuable option for primary hemodialysis access in diabetic patients. *Ann Vasc Surg* 16:89-94, 2002.)

3 - 1 図　*Year Book of Vascular Surgery* の記載例

冊で構成されている。[1]

なお，Year Book は 1989 年から Year Book on Disc という名称でCD-ROMにフルテキストとして収録され，写真やカラー図版も入力されている。

レビューの重要性について，アダムズ (S. Adams)[2] は，「18 世紀は専門分化した教科書が発達し，19 世紀には百科事典的な Handbuch が重視された。そして 20 世紀はレビューの時代である。」と述べている。

レビューは雑誌論文として古い様式であるが，近年，情報の氾濫，原報の激増および研究領域の広がりによって，いっそう重要なツールとなっている。

d. 学位論文

博士論文は，最高の研究課程における成果として質の高いものであり，特に科学技術分野においては優れた研究資料として評価されている。しかし，本来，流通を目的としていない資料であるため，検索，入手しにくい文献，いわゆる「灰色文献」の一つとされている。現在，一部の国を除けば，まだ一般に利用しやすい状況にあるとはいえない。

学位授与者数は，わが国で年間約 1 万人，アメリカでは 3 万 5 千人にも及んでいる。

その他，ヨーロッパ，アジア，アフリカ，ラテンアメリカの諸国を加えると，博士論文数はかなりの数に達するものと推測される。以下に，内外の主な検索資料を紹介する。

[国　内]

わが国における博士論文の収集は，国立国会図書館支部上野図書館が担当し，大正 12 年 9 月以降の学位論文が文部省から移管されて以来，現在に至っている。現在は，国立国会図書館関西館が担当している。

1975 年から直接当該大学から受入れを開始し，年間 9 千件（収集率 95 ％）を収集している。所蔵件数は平成 14 年度現在で約 42 万件。このうち，1984 年以降受入れの学位論文の論文目録を出版している。

---

1) Year Book of Pediatrics. Mosby., 2006.
2) Adams, Scott : The Review Literature of Medicine. Bibliography of Medical Review 1961 p.1 - 3.

国立国会図書館所蔵博士論文目録　国立国会図書館　1989－1997.
昭和59年(1984)－63年(1988)　平成元年(1989)－2年(1990)
平成3年(1991)－4年(1992)　平成5年(1993)－6年(1994)

　これらの学位論文は，国立情報学研究所のNACSIS-IR「学位論文索引データベース」や都道府県および政令指定都市立図書館に国立国会図書館が提供している「博士論文データベース」で公開され，オンライン検索が可能である。

　それ以前の学位論文の索引は系統だったものは未だ整っておらず，部分的にしか刊行されていない。現物を閲覧するには，国立国会図書館に来館するか，学位授与大学に足を運ぶしか方法はない。しかも大学のどの部署で管理・保存しているか，個々の大学によって異なっている。全ページ複写の際は著者の許可が必要である。

[海　外]

　一方，欧米では学位論文を供給する機関があり，そこに登録されている学位論文を探すツールも整っている上，著作権問題をクリアーしたコピーを容易に購入できる。また，CD-ROMやオンライン・データベースによる学位論文へのアクセスも可能である。たとえ供給機関が供給していない学位論文でも，検索ツールでその典拠が容易にわかるので，学位授与大学の図書館に複写依頼を出せば入手することができる。したがって欧米では，よほどの事情がないかぎり，ほとんどの学位論文の閲覧・入手が可能である。

　海外の学位論文検索用索引として，レイノルズ（M. Reynolds）編集の *Guide to These Dissertation* がある。本書には日本を含む世界42ヵ国の索引（図書・雑誌論文）が掲載され，さらに分野別の索引類もリストアップされている。

　　Reynolds, Michael M.: *Guide to Theses and Dissertations ; an International Bibliography of Bibliographies*. Rev. and enl. ed. Phoenix, Ariz : Oryx Press, 1985　vii 263 p.

　学位論文検索資料して著名なツールは，University Microfilms International 社（以下，UMIという。）の下記の資料が知られている。

　　Dissertation Abstracts International Section B : The Science and Engineering. Ann Arbor, University Microfilms International. 1938－

　アメリカ，カナダの450の大学，研究機関の博士論文を掲載している月刊の

抄録誌。収録主題分野は,生物学,地球科学,環境科学,物理科学,心理学の5分野である。

Dissertation Abstracts International Section C : European Dissertation. Ann Arbor, University Microfilms International. 1976 -

ヨーロッパ18カ国の博士論文を収録する季刊誌。

Comprehennsive Dissertation Index. 1861 - 1972.
Ten-Year Cumulation 1973 - 1982, Five-Year Cumulation 1983 - 1987.
Ann Arbor, University Microfilms International. 1973 - 1989 がある。

なお,*Dissertation Abstracts International* は全米のすべての大学の学位論文を収録しているとはいえず,他に Association of Research libraries(現,UMI社)から下記の資料が刊行中である。

American Doctorial Dissertations. Ann Arbor, University Microfilms International. 1934 -

冊子体と並行して,CD-ROM 版 *Dissertation Abstracts Ondisc* が UMI 社から刊行されている。

Dissertation Abstracts Ondisc. University Microfilms International., 1861.
(1900 -)

CD-ROM 版では,冊子体の *Comprehennsive Dissertation Index., Dissertation Abstracts International., American Doctorial Dissertations.* のデータが収録されている。

また,オンラインでは *Dissertaion Abstracts Online* という名称で,DIALOG と BRS でアクセス可能である。

以上,日本は学位論文の入手面で欧米に遅れているが,検索面では欧米並みの環境が整いつつある[1][2]。

e. テクニカル・レポート

テクニカル・レポートとは,科学研究あるいは技術開発・試験・評価の成果を,技術の領域に適した形態で提示する報告書である。通常,学術雑誌や会議

---

1) 市古健次:学位論文 情報探索ガイドブック 勁草書房 1995 p.165 - 181.
2) 博士論文 科学技術文献サービス No.100/101, p.33 - 37, 1993.

で報告される論文よりも詳細で，当該研究分野の研究者にとっては，もとの研究・開発の過程をも評価できるような十分なデータを含んでいるといわれ，技術情報の公表メディアとして定着している。

テクニカル・レポートの起源は，1909年，英国の Advisory Committee for Aeronautics から刊行された *Report & Memoranda* のシリーズとされている[1]。しかし，科学技術情報の伝達・配布の手段として重視されるようになったのは，第二次世界大戦後からである。米国では，商務省内に NTIS(National Technical Information Service) が設置され，政府関係のテクニカル・レポートを一括収集管理して，*Goverment Reports Announcement & Index* によってその書誌情報を公開している。

なお，テクニカル・レポートについては，第3章-4.工学・工業技術分野で詳細に解説しているので参照されたい。

f. 会 議 録

前述したように，研究者は，学術雑誌への発表前に自分の研究成果の一部をまず学会や研究集会で発表する。これらの学会は，世界中の研究者が集まる国際会議から学協会が関連分野の研究者・技術者を集めて開催する小規模な学会まで種々多様である。科学技術分野では，特に近年，会議の開催数が増加している。ここで発表された内容を文献として形に残したものが会議録で，プロシーディング（proceedings）と呼ばれる。

会議録は，速報性の上で優れているため，科学技術の分野では貴重な資料となっている。また会議での発表にとどまり，その後の成果については文献に公表されない研究も多々あることから，会議録に対する重要性は高くなっている[2]。

1）会議録出版情報目録

  Proceedings in Print. Arlington, Proceedings in Print Inc.,
  科学技術分野のみならず全分野を対象とし，主として単行書，雑誌形

---

1) 日本科学技術情報センター編：科学技術情報ハンドブック 日本科学技術情報センター 1995 p.150 - 152．
2) 会議資料 科学技術文献サービス No.100 / 101, p.42 - 47, 1993．

態の会議録の出版情報を収録している。会議主題分野の ABC 順に排列し，内容，会議名，開催地名，開催年月，主催団体名から検索可能である。

Directory of Published Proceedings. Series SEMT（Science／Engineering／Medicine／Technology）（通称　InterDoc）
Harrison, InterDok Corp.
単行書，雑誌論文，レポートも対象とし，開催年月日，開催場所，会議名，主催団体名の他，出版事項も付与されている。

2）会議発表論文索引誌

特定の会議に発表された個々の論文についての情報を得るための索引誌。

Index to Scientific & Technical Proceedings（ISTP）
Philadelphia, Institute for Scientific Information., 1978 –
科学技術全般を対象にした代表的な会議論文索引誌。出版された会議のみを対象としているため，タイムラグはあるが，出版，入手情報も併せて知ることができる。年間約 3,600 の会議から約12万論文を掲載している。

Conference Paper Index（CPI）
Bethesda, Cambrigde Scientific Abstracts., 1973 –
会議直前の最終プログラムなどから論題，著者名などの情報を収集（速報性に富むが，実際に刊行されたものと相違する可能性あり），会議予告資料の *World Meetings* と共通の会議索引番号を使用している。

これらの情報源はオンライン・データベースで検索可能である。

3）会議録所蔵目録

過去に行われた会議で現物が入手できない場合に複写物で入手する方法が考えられる。その場合，所蔵の有無を確認する手段として会議録所蔵目録が使用される。会議録を積極的に収集提供し，同時に複写依頼先としても入手ルートが確立している，下記の3機関の会議録所蔵目録は有効な所蔵目録として各情報機関で使用されている。

JICST 所蔵目録・会議資料編　東京　日本科学技術情報センター

1992年　2冊.

国立国会図書館所蔵科学技術関係欧文会議録目録　東京　国立国会図書館　1972年-

Index of Conference Proceedings, Boston Spa, BLDSC, 1964-

BLDSC（英国図書館文献提供センター）は世界最大の会議資料コレクションを誇り，網羅性が高い.

1991年からCD-ROM版が頒布されているが，名称は冊子体と異なり *Boston SPA Conference* と呼ばれている.

Boston SPA Conference on CD-ROM. British Library Document supply Center

(2) 二次資料

自然科学と技術領域の雑誌は指数関数的に増加している．科学雑誌を例にとれば，世界最大の収集機関である British Library Document Supply Center (BLDSC) では，1991年に既に 72,000 誌が受け入れられている．また，医学分野をみても，世界的な医学情報機関として知られる米国国立医学図書館(National Library of Medicine) では 21,557 誌にものぼっている．また，化学分野に限っても，*Chemical Abstracts* に収録された年間論文数は，およそ70万件にも及んでいる（3-2図参照）．科学技術全分野の論文数は年間約350万件が発生するといわれ，年に3～5％の増加が予想される．これが情報の洪水といわれる論拠である．これらの膨大な一次資料の中から効果的に必要な情報を探し出すために，抄録誌や索引誌が出現した．

　a. 抄録誌と索引誌

抄録誌は，単行本や雑誌に収録された原資料（図書の内容・論文）の内容を濃縮し，数百語で要約して表したもので，これを見ることによって，自分の専門分野や関連分野の情報を迅速に，そして的確にとらえることができる．索引誌が論文題名，著者名，掲載誌名，巻号数，ページ，発行年などの書誌的事項のみを表示するのに対して，抄録誌にはさらに抄録が付加されるので，自然科学分野では抄録誌の需要が多く，抄録誌が主流を占めている．

3. 自然科学分野

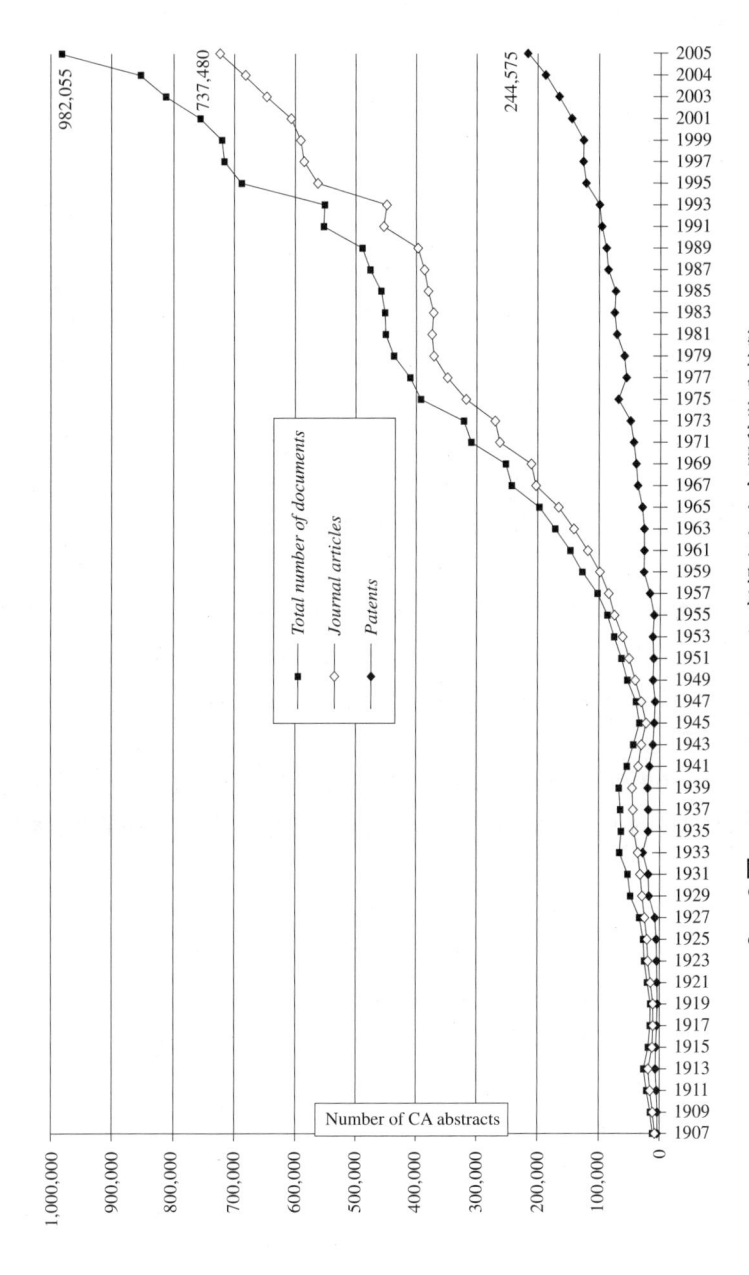

3−2図 *Chemical Abstracts* に収録された年間科学分野文献数

(出典) CAS ; *Statistical Summary 1907–2005*, CAS, 2006, p. 2–4. から作表。

b. 代表的な抄録誌

1) *Chemical Abstracts*

［歴　史］

　化学分野の最初の抄録誌は，1830年にフェヒナー（G. T. Fechner）編纂の"*Pharmaceutisches Centralblatt*"が嚆矢である。その後，1850年に"*Chemische Pharmaceutische Centralblatt*"と改名された。さらに1856年からドイツ化学会によって"*Chemisches Zentralblatt*"が発行され，1969年まで継続して発行された。一方，アメリカ化学会は，1907年，ドイツ語中心の"*Chemisches Zentralblatt*"に対し，米国内の化学者が全世界の研究成果を利用できるようにするため，"*Chemical Abstracts*（*CA*）"を創刊し，現在に至っている[1]。米国内の化学者に提供する目的で創刊された *CA* は，今日，世界の化学に関連する情報の98％をカバーする国際的な抄録誌として，世界中の研究者に利用されている。

［情報源］

　世界の化学分野の雑誌9,500種をはじめ，特許，技術レポート，学位論文，会議録および新刊図書が収録されている。年間80万件強の化学文献と特許に関する抄録を収録した世界最大の抄録誌。

［構　成］

　CA の索引は，通常の抄録誌や索引誌の検索項目（主題索引，著者名索引）以外からの検索も可能である。3－3図に，検索用の索引項目を列挙する。

　　① 物質名：Index　Guide（化学物質の慣用名から *CA* で採用している正式名称や登録番号へのガイド）
　　　　　　　→Chemical Substance Index（*CA* で使用されている索引名）
　　② 分子式：Formula Index（化合物を探す最短方法）
　　③ 登録番号：Registry Handbook Number section
　　④ 構造式物質名（CAS Online）
　　⑤ 物質名：（クラス名）Index Guide General Subject Index（化学

---

1) 時実象一訳：ケミカル・アブストラクツと CAS Online の活用法　日外アソシエーツ　1995．

3. 自然科学分野

```
物 質 名 ─→ Index Guide ─────→ Chemical Substance Index
          ↘ Registry Handbook ↗↗↗                    ↓
            Common Names
分 子 式 ─→ Formula Index ──────
登録番号 ─→ Registry Handbook ─
            Number Section
構 造 式 ┐
(物 質 名)┘─→ ((CAS ONLINE)) ─→ Index of
                                Ring Systems
物 質 名
(クラス名)─→ Index Guide ─────→ General Subject Index ─→
概 念 語 ↗↗
キーワード ─→ Issue Index ──────────────────────────→
(自 由 語)
特許番号 ─→ Patent Index ────────────────────────→
著 者 名 ─→ Author Index ────────────────────────→
```
　　　　　　　　　　　　C A 週 刊 号　　原報提供サービス

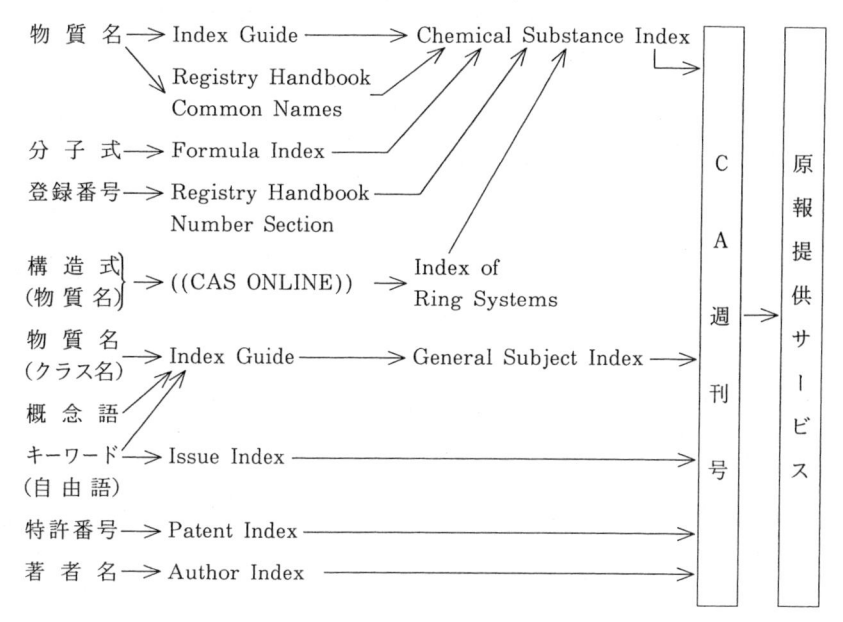

3－3図　*CA* の索引構成

物質の慣用名から *CA* で採用している正式名称や登録番号へのガイド）概念語

⑥ キーワード：（自由語）Issue Index

⑦ 特許番号：Patent Index（世界27カ国と2国際機関特許が収録：特許の出願情報を検索）

⑧ 著者名：Author Index（第1著者名から検索，共著者10名まで検索可能）週刊索引，年間累積索引以外に10年間（Decennial Index），および5年間（Collective Index）と呼ばれる累積索引も用意されている（3－4図参照）。

なお，*CA* は，STN International（CASがドイツのFIZ Karlsrune日本のJSTと協同で運営している情報検索サービス）やDIALOG，JOISのデータベースサービスからオンラインで利用できる。オンラインの他1996年からCD-ROM版も頒布されるようになった。

Chemical Abstracts on CD. CAS　1987 －

第3章　主要な一次資料と二次資料

Collective Index	1 DI	2 DI	3 DI	4 DI	5 DI	6 CI	7 C	8 CI	9 CI	10CI	11CI	12CI	13CI	14CI	15CI
収録年代	1907-16	1917-26	1927-36	1937-46	1947-56	1957-61	1962-66	1967-71	1972-76	1977-81	1982-86	1987-91	1992-96	1997-2001	2002-2006
収録巻	1-10	11-20	21-30	31-40	41-50	51-55	56-65	66-75	76-85	86-95	96-105	106-116	116-125	126-135	136-145
Author Index	○	○	○	○	○	○	○	○	○	○	○	○	○	○	○
*Subject Index	○	○	○	○	○	○	○	○							
**Index Guide									○	○	○	○	○	○	○
Chemical Substance Index									○	○	○	○	○	○	○
General Subject Index									○	○	○	○	○	○	○
Formula Index		△	△	△	○	○	○	○	○	○	○	○	○	○	○
Index of Ring Systems	▽	▽	▽	▽	▽	▽	○	○	○	○	○	○	◇		
*Numerical Patent Index					□	○	○	○	○	○					
*Patent Concordance							○	○	○						
Patent Index										○	○	○	○	○	○

注：＊　9 CI から Chemical Substance Index と General Subject Index にわかれた。
　　＊＊　Index Guide の内容は7 CI までは Subject Index の本文に入っていた。
　　＊＊　10CI から Patent Index に統合された。
　　△　Twenty-Seven Year Collective Formula Index to Chemical Abstracts.
　　▽　Subject Index の Introduction に Ring System Information が含まれていた。
　　□　Ten-Year Numerical Patent Index to Chemical Abstracts
　　◇　1994年までで中止

3 - 4 図　*CA* Collective Index の変遷

(出典) 神戸宣明監修，時実象一著：インターネット時代の化学文献とデータベースの活用法　化学同人　2002　p. 66. をもとに最新情報を付加。

2) Sci Finder Scholar　1907 -

　Sci Finder は，Chemical Abstracts に収録されている化学情報を中心に，MEDLINE (Index Medicus 参照) の文献情報も合わせて検索できるデータベースである。当初は企業の研究所向けに開発され，専門的な訓練が必要なコマ

3. 自然科学分野

ンド方式で提供された。これを大学の研究者に手軽に利用できるようにシンプルに改良したのが Sci Finder Scholar である。料金は年間定額制なので，利用料金を気にしないで利用できる。

3）Biological Abstracts：Thomson BIOSIS, 1926 年 -

Biological Abstracts は，アメリカ生物科学学会ほか 2 団体による BIOSIS (Bioscience Information Service) という非営利団体を組織し，1926 年，*Biological Abstracts* を創刊。生物学・生医学・生物化学・生物物理・食品科学・農学・薬学など広範囲の領域をカバーし，世界各国から約 5,000 誌（選択的な抄録対象誌も加えると 9,000 誌以上）の論文・会議録，その他の抄録を年間およそ 28 万件収録している。1965 年から，従来の抄録誌 *Biological Abstracts* に加え，会議資料，レビュー，報告書などを収録する Biological Abstracts／RRM 部は (*Reports, Reviews and Meetings*) という名称の索引誌も発行。

1969 年以降，*BIOSIS PREVIEWS* として機械可読のデータベースが作成されている。

4）*Excerpta Medica* : Elsevier Science B. V.　1947 年 -

1947 年に創刊された *Excerpta Medica* は，医学分野における代表的な抄録誌。*Excerpta Medica* は医学関係の出版社の一つであるオランダの Elsevier Science B. V. によって作成。収録範囲は医学を中心に生命科学全体を対象にしているが，特に医薬品関連文献を重視している。ただし看護学，獣医学，および歯科学は除く。全体が 45 のセクションからなる抄録誌である。*Excerpta Medica* の収録対象雑誌は世界 70 数か国から約 4,000 誌で，年刊約 30 万件の記事のうち約 65 ％に抄録が付与されている。*Excerpta Medica* は，医薬品や副作用に関する情報を重視しているのが特徴である。

なお，1974 年からオンライン・データベースで提供されている EMBASE (Excerpta Medica Database) は冊子体の情報とは別に 10 万件の情報が加えられている。現在は EMBASE が主流になっている。他に EMBASE と後述の MEDLINE（収録期間1966年以降）を合わせた1,700万件以上のレコードを同時に検索し，重複されたデータを前もって除去する

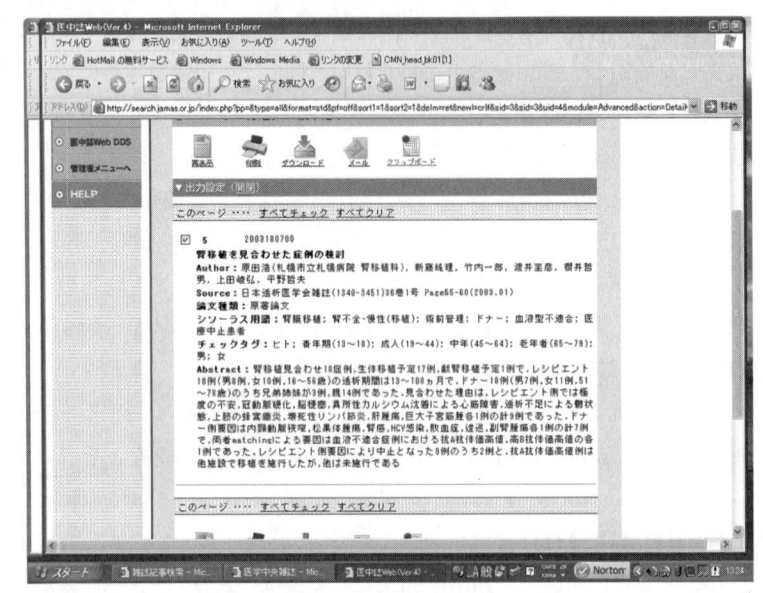

3−5図 医学中央雑誌 Web 版　生体腎移植を見合わせた症例に関する論文抄録付き出力

EMBASE.com というデータベースがエルゼビアから提供されている。

5）医学中央雑誌

医学中央雑誌は，明治36(1903)年に尼子四郎によって，医学中央雑誌社（現：医学中央雑誌刊行会）によって創刊され，現在に至っている。医学中央雑誌という名前の由来は，ドイツの抄録誌 *Centralblatt für die Gesamte Medicine* にならったものである。わが国の医学・歯学・および薬学文献を探すための最も重要な抄録誌である。収録雑誌は約2,400。

1987年から日本科学技術情報センターとの協力で，オンライン情報検索を開始，さらに1991年から CD-ROM 版も刊行。

なお，冊子体の医学中央雑誌は，永年の編集方針であった抄録を中止し，1996年1月から *Index Medicus* のような「医学用語シソーラス」のキーワードから検索する主題索引方式に変更された[1]。現在このシソーラス

---

1) 医学中央雑誌刊行会編：医学中央雑誌　1996年1月号　1996．

はNLM（米国国立医学図書館）発行の2002～2005年版MeSHをベースに「医学用語シソーラス第6版」と改良され，インターネットによる「医中誌Web」検索の際に利用されている[1]。なお，月刊誌の医学中央雑誌は2002年12月号で終刊となり，2003年より「医学中央雑誌年間累積版」が発行されていたが，2006年2月2005年度版をもって終刊。また，CD-ROM版も2006年3月提供を終了した。現在は，医中誌Webのみが提供され，引き続き抄録が収録されている。（3－5図）今日では，インターネットによる「医中誌Web ver.4（1983－）」の利用に移行している。ver.4では，オンラインジャーナルや相互貸借支援を念頭においたOPACへのリンクが可能となった。（http://www.jamas.gr.jp）

医学中央雑誌CD-ROM版　医学中央雑誌刊行会　1987 －

6） *Mathematical Reviews*（*MR*）American Mathematical Reviews Providence American Mathematical Society, 1940 －

対象資料は，雑誌論文，図書，会議資料，学位論文など。記事がレビューの場合には単なる要約ではなく，内容評価も付加される。

なお，*MR*に収録された図書，雑誌論文などを速報するための *Current Mathematical Publications*（*CMP*）が3週間ごとに刊行されている。その他，Web版としてMathSci Net（http://www.ams.org/mathscinet/）が提供されている。

7） *Physics Abstracts*. Institute of Electrical and Electronics Engineers (IEEE), 1898 －

創刊時は *Science Abstracts* であったが，1903年に *Section A : Physics* と *Section B : Electrical Engineering* の二誌に分離。イギリス物理学会，アメリカ物理学会，IEEも編集に協力して専門部局INSPEC（Information Service for the Physics and Engineering Communities, 英）で編纂しており，現在，半月刊で発行している。オンラインデータベースのINSPECを利用するには，生データを入手するか，Ovid社やThomson社のデータベースからアクセス可能。

1） 医中誌News　第4号（Sep），2006年

```
記事番号：B04072632
和文主標題：前向きの態度と問い合わせの失敗：消費者健康情報検索という難問の検討
著者：ZENG Q T, KOGAN S, PLOVNICK R M, CROWELL J, LACROIX E-M,
    GREENES R A
所属機関名：Harvard Medical School, MA, USA, National Inst. Health, MD, USA
資料番号：D0729A
資料名：Int J Med Inform
巻数：73
号数：1
ページ数：45-55
発行年：2004
使用言語：英語
発行国：アイルランド
記事区分：a1
写図2，表3，参19
抄録：
消費者は，健康情報源として，インターネットに高い満足度を報告しているとの研究が
いくつかある。しかしこの前向きな態度と矛盾した，消費者は健康情報の探索に失敗す
ることが多いとの研究もある。ここではまず探索ゴールの説明を行った後で，健康消費
者にインターネット上での健康情報検索を依頼した際のインタビューと観察による研究
を示した。この作業の終わりに，探索評価を消費者に求めた。特定の問い合わせを行っ
た場合には，消費者は満足できる情報を発見できないが，一般的には彼らはインター
ネット上の健康情報を肯定的に見ていることを見出した。探索作業の分析により，特定の
探索の失敗と前向きな態度の原因となる要因を決定し，情報学的解について検討した。
UDC：
    613／614
    681.3：654
原文標題または英文標題：Positive attitudes and failed queries: an exploration of the
conundrums of consumer health information retrieval
編別分類：計算機網
```

3-6図　「科学技術文献速報」CD-ROM版より出力

c. 世界の主要抄録誌

1)『科学技術文献速報』科学技術振興機構科学技術事業本部

　　わが国を代表する科学技術分野の抄録誌で，世界の主要50余カ国から主要な文献（逐次刊行物，会議資料，レポート，およびわが国の政府や地方自治体の公共資料）を収録する科学技術全般を網羅する日本語による抄録誌である。年間およそ約90万件の抄録を収録している（3-6図参照）。構成は以下の11編に分割されている。（2005年度版）

　　『科学技術文献速報』は1976年 JOIS-Ⅰとしてオンラインで公開され，その後1981年に JOIS-Ⅱ，1990年 JOIS-Ⅲ，1997年には JOIS-Ⅳとシステムが改良された。2003年には J Dream サービス開始。2006年

3. 自然科学分野

構　成	創刊年	収録文献数（件）
① 化学・化学工業編（外国編）	1958	135,000
② 化学・化学工業編（国内編）	1958	95,000
③ 物理・応用物理編	1959	122,000
④ ライフサイエンス編	1981	183,000
⑤ 機械工学編	1958	91,000
⑥ 電気工学編	1958	113,000
⑦ 管理・システム技術編	1963	64,000
⑧ 土木・建築工学編	1958	77,000
⑨ 金属工学・鉱山工学・地球科学編	1958	59,500
⑩ 環境公害編	1975	44,500
⑪ エネルギー・原子力工学編	1961	43,500

4月からは，JOIS と J Dream を統合したサービスとして，J Dream II が提供されている。J Dream の簡単な操作性と JOIS のもつきめの細かい複雑な検索機能性がプラスされたコンセプトをもつシステムである。

一方，CD-ROM の『科学技術文献速報』も 1996 年から頒布されている。

科学技術文献速報 CD-ROM 版 1995 年 -（1996 年）科学技術振興機構科学技術情報事業部

近年，冊子体の『科学技術文献速報』購入者には CD-ROM 版が添付されるようになった。(3 - 6 図)

2) *Bibliographie Internationale* （旧誌名：*Bulletin signaletique*）：フランス国立科学研究センター（Centrenationale dela Recherche scientifique）1940 年 -

フランス国立科学研究センターが発行し，世界中の主要な科学技術関係の文献を網羅している。収録誌は世界 100 カ国から雑誌記事，学位論文（主にフランス），会議録，技術報告書，単行本などが収録され，年間約 45 万件。対象資料は 8,500 誌以上（このうち 4,500 誌は完全収録）。

収録分野は，物理学，化学，生物学，医学，心理学を含む生命科学，応用科学技術，地球科学および情報科学など[1]。

1990 年から CD-ROM で提供されている。英語，フランス語，スペイ

---

1) *The New Walford's Guide to Reference Resources*. Vol.1 Science, Technology and Medcine. London, Facet Publishing, 2005.

ン語のいずれからも検索が可能である。Web版データベースは，PASCALと呼ばれ1973年以降の文献が収録されている。

Pascal Institute de l'Information scientifique et Technique.

3) *Referativenyi Zhurnal*. Moscow, Akademiya Nauk SSSR (Institut Nauchnol Informatsii, VINITI 1953 –

ロシア科学技術情報研究所（VINITI）発行のロシア語で書かれた抄録誌。臨床医学を除く科学技術全般（数学，農学を含む74主題）をカバーする月刊の抄録誌。

d. 代表的な索引誌

1) *Index Medicus*. National library of Medicine. 1960 – 2004.

Index Medicus（IM）は，1879年1月31日ビリングス（J. S. Billings）によって創刊された。*Index Medicus* は創刊当時から，世界中の医学文献の検索を目的とした索引誌を目指していた。このことは，*Index Medicus* の副題：*a monthly classified of the current medical literature of the world* をみれば理解されるであろう。

Index Medicus は，1879年～1927年の45巻をオールドシリーズと呼び，1960年からの *Index Medicus* をニューシリーズと呼んで区別している。途中1900年～1902年の3年間の中断があったが，その間の間隙はパリの *Bibliographia Medica* がカバーしている。1927年～1956年までアメリカ医師会（AMA）に肩代わりされたことはあったが，主題索引を検索の手段として伝統的に受け継いできた。1960年 *Index Medicus* は再出発し，第Ⅱ期を迎えた。そして，編集は1962年から従来の手作業から，コンピュータ処理になった。これは，索引自体の質の向上，編集印刷作業の省力化，収録文献数の増加，機械検索の可能性を目的とした。このコンピュータ・システムがMEDLARS（Medical Literature Analyses and Retrieval System）の略で，医学文献分析検索システムと呼ばれた。

1964年から米国国立医学図書館（National Library of Medicine）はこのシステムをバッチ処理によって検索システムを開始し，さらに1970年6月から MEDLARS データベースの中から臨床系雑誌100種を対象にオ

ンラインによる実験サービスを開始した。幸いに，この実験は成功を収め，NLM は全国的規模で生物医学分野へのオンライン文献検索システムを 1971 年 10 月から実施した。このシステムは MEDLARS On-Line を略して MEDLINE と呼ばれた。

以来，MEDLARS は MEDLINE に移行し，オンライン情報検索の代表的なデータベースとしての地位を確立した。

NLM は，情報提供面で新しい技術の開発とともに変容をとげてきたが，現在はインターネットを介して利用可能である。利用のための登録・ID・パスワードなど，一切の手続も不要でインターネットと Web ブラウザを使える環境であれば，世界中どこからでも無料で情報を入手できる[1)]。

MEDLINE の利用については，3 種類の方法で提供されているが，検索の際の簡単な絞り込みやかけあわせなどから PubMed（http://www.ncbi.nlm.nih.gov/entrez/query.fcgi/）を紹介する。PubMed は，米国の The National Center for Biotechnology Information (NCBI) と一部の自然科学系出版社が共同で開発している文献検索システムである。PubMed は，MEDLINE の文献書誌情報（著者抄録が付与されているものは抄録付）と NCBI の分子生物学情報が結びつき，さらに出版社が提供する全文データがインターネット上でリンクしている。

PubMed は，冊子体にないものの検索が Limit 機能使用することで記事内容の種類（原著論文，レビュー等），言語別，性別，年齢別，出版年月日／登録年月日等多方面から検索が可能である。（3 - 7 図）

なお，*Index Medicus* の年間累積版は 2000 年度版をもって終刊。以後，月刊版（印刷物）のみが発行されてきたが，2004 年度版をもって冊子体としての発行を終えた。2005 年以降は，OVID 版 MEDLINE や PubMed のデータベースのみの利用となった。しかし，データベースによる検索期間 1950 年以降の情報であるため，それ以前の情報については，冊子体 *Index Medicus* にあたることになる。

---

1) 中嶋宏監修：EBM のための情報戦略—エビデンスをつくる，つたえる，つかう　中外医学社　2000　p. 119 - 136．

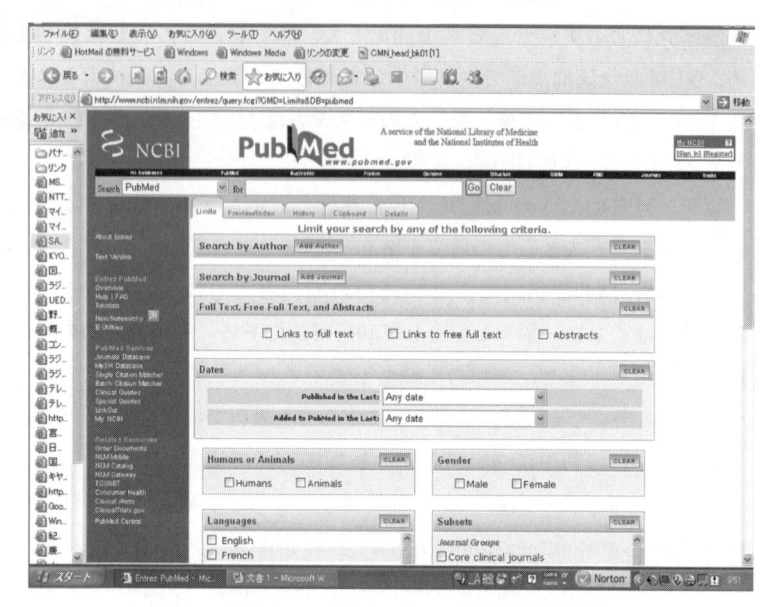

3－7図　PubMed Limited 機能検索画面

2) *International Atomic energy Agency*（*IAEA*）. Vienna, International Atomic energy Agency, 1970－

　　INIS 加盟国から INIS 本部に送付されてくる原子力および，その平和利用に関する技術レポート，会議論文，特許などを収録。本体は INIS 分類表に基づいて排列され，索引（半年刊と年刊の累積索引）には，個人著者名，団体著者名，件名，会議開催地，レポート・規格・特許番号索引がある。1993 年から STN（科学技術情報の国際的な相互流通を図るため，米国の CAS，ドイツの FIZ-Karlshuhe および日本の JST との間の情報ネットワーク）で利用可能である。

　　なお，Silver Platter 社から CD-ROM 版も頒布されている。

　　INIS Silver Platter, 1976 －

3) 雑誌記事索引：国立国会図書館編　1996 年－　CD-ROM 版で提供

　　1950 年-61 年：自然科学編

　　1965 年：科学技術編-46⑷1995 年（終刊）　冊子体

　　1996 年 6 月-：雑誌記事索引（人文・社会から科学技術に至る全分野を

対象に，CD-ROM 版で提供）

　国立国会図書館が収集した科学技術分野の国内雑誌のうち，約1,400誌を収録，1996年6月からは新たに約930誌が増え，約2,300誌となった。収録雑誌の増加に伴い，従来の冊子体の雑誌記事索引は廃刊になり，磁気テープのデータベースとCD-ROM版が限定頒布となった。これにともない，人文社会科学と科学技術分野が一体となり，かつ収録誌も学会誌や商業出版誌，紀要なども収録されるようになった。収録誌数は，和文誌11,507誌，国内欧文誌131誌を目標に2002年1月現在和文誌9,242誌，国内欧文誌98誌と大幅に増加した。

　雑誌記事索引は，1948年9月，米国情報教育局民間情報部図書館担当官ダウンズ（イリノイ大学図書館長）報告書の勧告で「雑誌記事索引」の必要性が説かれたことから生まれた。1949年2月に「人文科学編」が，1950年4月に「自然科学編」が刊行され，現在に至っている。この間，医学・薬学の部門の外部委託，ならびに「医学・薬学編」の分冊刊行などの変遷もあったが，わが国の代表的な索引誌として定着している[1]。

　索引誌という名称になっているが，従来の冊子体では大ざっぱな分類体系を採用していた。しかし，CD-ROM 版の登場により，標題中のキーワードから検索が可能となった。2002年6月には，1948年－2001年を対象とした累積版のDVD-ROM版が発売された（科学技術分野は1975年から収録）。さらに，11月よりWebによる「雑誌記事索引：1948年－」を無料公開している。（http://opac.ndl.go.jp/Process）

4) *SCI*（*Science Citation Index*）：Institute for Scientific Information. 1961年.
　［歴　史］
　1960年代に科学技術文献の爆発的増大に伴い，大量の文献の中から必要な文献を見つけ出せないという情報飢餓が出現し，これに対応して1960年代前半には情報検索の技術面でもNLMのMEDLARSをはじめとしてコンピュータ処理による情報検索が開始された。しかし，これらの技術開発も従来の分類や indexing（索引付与）という情報検索技術の概念の延

---

1) 大山朋子他：変わる「雑誌記事索引」―科学技術分野を中心に―　科学技術文献サービス No.109, p.1-11, 1996.

従来の抄録誌や索引誌は，件名，キーワードあるいは分類番号などによって記入を排列して，検索の手がかりであるアクセス・ポイントとしている。これに著者名や物の名称などの索引も付加される。これらの見出しは索引項目として主題探索に利用されることを前提に作成されている。抄録誌・索引誌の目的は，何らかの主題に関する質問，すなわち情報要求に応えて関連性のある文献の存在を知らせるところにある。そのために索引作業は原文献の主題内容を忠実に反映すること，あらかじめ想定可能な範囲で利用要求を含み込むことの両面から，索引項目の選択と関連づけに多大の努力がはらわれている。

　一方，SCI は全く新しい革新的な「引用」という概念を索引語に採用した。いわば，従来の情報検索のパラダイムを変換させたのである。

　ガーフィールドは，研究者が興味ある論文に出合うと，その論文に付された引用や参照，いわゆる文献リスト中の論文を読むという研究者習性から，引用している論文と引用されている論文の間には，"論理的な鎖（logical chain）"が存在していることに関心をもった。

　ガーフィールド（E. Garfield）は大学の学部では化学を学んだが，修士の学位は図書館学であり，自らが科学者の卵であった。彼の根底には科学コミュニケーションへの深い理解があったのである。

　引用索引のアイディアは 1955 年の $Science$，No. 122，108 に初めて発表されたが，その当時としては夢物語だったものを，微生物生化学の発展というタイトルで，1958 年にノーベル賞を得たリダーバーグ（J. Lederberg）がその重要性を認め，国からの補助金をとるための知恵を授けたり，口添えをして支援したことが大きな力となった。そして，コンピュータの進歩にも助けられながら少しずつテスト版を作り，1968 年についに刊行にこぎつけたのである[1)2)3)]。

---

1) 裏田和夫：SCI の使い方　医学図書館18 (2)，p.167 - 178，1971．
2) 細谷治夫：科学論文の運命と寿命　科学　Vol.5 (5)，p.278 - 279，1981．
3) Garfield, E. : *Citation indexings-Its theory and application in science technology, and humanities.* New York, John Wiley & Sons, 1979．

3. 自然科学分野

引用索引は，文献の主題内容を索引項目として探索の手がかりとする伝統的な主題索引とは異なり，文献に付された引用や参照，すなわち文献そのものを索引項目とするところに特徴がある。

引用・参照は，著者名，書名，誌名，発行巻号，年月次，頁など，書誌記述によって構成されて文献中に収められることにより，主題内容上の関連性を示していると考えられている。このように引用索引は，ある文献が他の文献（群）を引用・参照したという事実によって主題関連性の手がかりがあるとの前提に立った探索ツールである。

索引項目が主題語である場合は，主題分野による違い，年代的な変化，そして索引作業時の価値判断などに問題を生じ，文献間の関連づけと探索時の網羅性に不安定な要因をもたらすが，引用・参照は，いわば客観的事実として，これらの不安定要因を排除している。

抄録誌や索引誌といえば，*Chemical Abstracts* や *Index Medicus* のように専門分野ごとに作成されたものが普通であるが，自然科学の各分野の発展や学際的な傾向になるにつれ，的確な文献を検索することはますます困難になる情勢下で，*SCI* は自然科学のあらゆる研究に索引として利用できる。

［構　成］

　SCI は，以下の4部門から構成され探索の手がかりを提供している。

① Citation Index：*SCI* の中で最も特色のある索引。被引用文献（cited article）の発表年，発表誌名，巻，頁をまとめて見出し語として，その下にこれを引用した論文（citing article）の著者，誌名，号，頁，出版年をリストする（3-8図参照）。

② Souce Index：通常の著者名索引に該当し，著者名，論文，論文表題，掲載誌名，巻，頁，出版年，およびそれぞれの論文に付された引用論文数が表記されている。筆頭著者の住所を知ることができ，別刷請求や手紙の連絡に役立つ（3-9図参照）。

③ Permuterm Subject Index：論文の標題として使われた重要なことばを見出し語（キーワード）として，同じ論文中のもう一つのことばがリストされ，2つのことばの組合せをもっている著者を指示する（3-10図参照）。

INOUE A

	VOL	PG	YR
1998 BULK AMORPHOUS ALLOY			
INOUE A MATER SCI F	403	1	02
MA CL MATER TRANS	43	1737	02
SRIVASTA.RM ''	43	1670	02
STOKLOSA Z ACT PHY P A	102	273	02
1998 BULK ATMORPHOUS ALLO		p3	
QIU KQ ACT MATER	50	3567	02
1998 J APPL PHYS 83 1967			
MA LQ J MAT SCI L	21	1435	02
1998 METALL MATER TRANS A 29 1779			
DEOLIVEI.MF MATER SCI F	403	101	02
QIU KQ ACT MATER	50	3567	02
SHAO YZ PHYS ST S-B	232	330	02
WEI BC MAT SCI E A	334	307	02
1998 MATER T JIM 39 318			
INOUE A MATER SCI F	403	1	02
1998 MATER SCI FORUM 2 269 855			
LU ZP ACT MATER	50	3501	02
1998 PROG MATER SCI 43 365			
CROAT TK PHIL MAG A	82	2483	02
LATUCH J ACT PHY P A	102	175	02
MESQUITA RA MATER SCI F	403	21	02
MILMAN YV ''	396	723	02
1999 BULK AMORPHOUS ALLOY			
INOUE A MATER SCI F	403	1	02
1999 BULK AMORPHOUS ALLOY		p30	
LI G J MATER RES	17	1877	02
1999 J NEUROCHEM 73 2206			
RICHARDS.JD J PHARM EXP	302	839	02
1999 J APPL PHYS 2A 85 4491			
INOUE A MATER SCI F	403	1	02
1999 J NONCRYST SOLIDS 250 552			
BORREGO JM J APPL PHYS	92	2073	02
1999 MATER T JIM 40 1137			
LI CF J NON-CRYST	306	175	02
1999 MATER T JIM 40 1181			
INOUE A MATER SCI F	403	1	02
LI CF J NON-CRYST	306	175	02
1999 MAT SCI ENG A-STRUCT 267 171			
ZINKEVIC.M ACT MATER	50	3373	02
1999 MATER SCI FORUM 312 307			
INOUE A MATER SCI F	403	1	02
1999 NANOSTRUCT MATER B 12 741			
DEOLIVEI.MF MATER SCI F	403	101	02
2000 ACTA MATER 48 279			
ASOKAKUM.P APPL SURF S	194	160	02
DEOLIVEI.MF APPL PHYS L	81	1606	02
'' MATER SCI F	403	101	02
INOUE A ''	403	1	02
LI J PHIL MAG A	82	2623	02 E
LOUZGUIN.DV J MATER RES	17	2112	02
MA CL MATER TRANS	43	1737	02
PANG SJ ''	43	1771	02
RAMAMURT.U SCR MATER	47	107	02
STADNIK ZM J PHYS-COND	14	6883	02
WEI BC MAT SCI E A	334	307	02
2000 ACTA METALL 48 6089			
ZHANG W MATER TRANS	43	1767	02
2000 APPL PHYS LETT 76 967			
STADNIK ZM J PHYS-COND	14	6883	02
2000 BULK AMORPHOUS ALLOY			
RAMAMURT.U SCR MATER	47	107	02
2000 IEEE MTT-S p775			
QUACH TK IEEE J SOLI	37	1126	02
2000 JAPAN SOC MECH ENG 4 281			
TSUKIJI T INT J MOD B	16	2569	02
2000 J MAGN MAGN MATER 215 246			
BORREGO JM J APPL PHYS	92	2073	02
2000 MATER T JIM 41 362			
2000 MATER T JIM 41 1511			
STADNIK ZM J PHYS-COND	14	6883	02
2000 MATER SCI FORUM 1&2 343 81			
INOUE A MATER SCI F	403	1	02
2001 AMORPHOUS NANOCRYSTA			
PALOSZ B ACT PHY P A	102	57	02
2001 ACTA MATER p2645			
INOUE A MATER SCI F	403	1	02
2001 ACTA MATER 29 2645			
LU ZP ACT MATER	50	3501	02
2001 ACTA MATER 49 2645			
LOUZGUIN.DV J MATER RES	17	2112	02
2001 ACTA MAT 49 3645			
ZHANG W MATER TRANS	43	1767	02
2001 EUR J BIOCHEM 268 3654			
WEISMANS.P NUCL ACID R	30	3672	02
2001 JST 3 25			
INOUE A MATER SCI F	403	1	02
2001 J MATER RES 16 2836			
LU ZP ACT MATER	50	3501	02
ZHANG W MATER TRANS	43	1767	02
2001 JPN J CLIN ONCOL 31 299			
XIANG TX PHARM RES	19	1215	02
2001 J ORG CHEM 66 4333			
FLEMING FF J ORG CHEM	67	5953	02
'' ORG LETT	4	2493	02
2001 MATER TRANS 42 970			
BORREGO JM J APPL PHYS	92	2073	02
2001 MATER TRANS 42 1149			
INOUE A MATER SCI F	403	1	02
LOUZGUIN.DV J MATER RES	17	2112	02
ZHANG W MATER TRANS	43	1767	02
2001 MATER TRANS 42 1800			
INOUE A MATER SCI F	403	1	02
LU ZP ACT MATER	50	3501	02
ZHANG W MATER TRANS	43	1767	02
2001 MATER TRANS 42 1805			
ZHANG W MATER TRANS	43	1767	02
2001 MATER SCI FORUM 360 129			
REVESZ A J MATER RES	17	2140	02
2002 NAT CELL BIOL 4 302			
UYEDA TQP BIOCHEM	41	9525	02

3－8図　*SCI* の Citation Index

④　Corporate Index：論文（citing article）の著者の所属機関を見出し語として，これに所属する著者，掲載誌名，巻，頁，出版年をリストする（3－11図参照）。現在 *SCI* は，Web 上でも Web of Science として提供されている。なお，Web of Science の citation 機能については，音声ガイド付で Web 上で紹介されている。(http://www.thomsonscientific.jp/products/wos/index.

```
INOUE A
● TAKEUCHI A ── COMPOSITIONS, STRUCTURE AND
  GLASS-FORMING ABILITY OF BULK GLASSY ALLOYS
                                              BV02W
    MATER SCI F    403:1-11            02   53R
       TOHOKU UNIV, INST MAT RES, SENDAI, MIYAGI 9808577,
       JAPAN
● JAPAN ACADEMY PRIZE TO ─ INOUE,AKIHISA ─
  DIRECTOR AND PROFESSOR, INSTITUTE FOR MATERIALS
  RESEARCH, TOHOKU-UNIVERSITY ● BIOGRAPHICAL ITEM
                                              579ZE
    P JPN AC B    78(6):R20-R21        02   NO R
       TOHOKU UNIV, INST MAT RES, SENDAI, MIYAGI 980,
       JAPAN
```

3 − 9 図　*SCI* の Souce Index

```
STOMACH (CONT)
BUG ────── ● TRENDS MO M■
BURKITTS-L. ─ ● SHARMA A
BYPASS ──── ● SUNDBOM M@
B6,129 ───── ● WARD JM
CADAVER ─── ● REIFEL CW
CAGA────── ● WU AH
CAGA(+)──── ● LI CQ
CAJAL ───── ● MAZET B
CALCIUM ─── ● SIM JH
CALLED ──── ● LEE HM
CANCER ──── ● IWAMURA T
      ──── ● KIRCHNER T
      ──── ● MACDONAL.WC
      ──── ● MUKAI M
      ──── ● TRENDS MO M■
CANCER-ASS. ● NOGUCHI T
CANCER-CEL. ● TSUTSUMI S
CANCEROUS── ● SEMINOMO.C
CANCERS ─── ● AKHTAR K
      ──── ● KANAI Y
      ──── ● KIM HS
      ──── ● MATIKAIN.MP
      ──── ● SAKURADA K
      ──── ● TAKEZAKI T
      ──── ● YOKOYAMA A
```

3 − 10 図　*SCI* の Permuted Index

```
                    JAPAN
                                    VOL  PG  YR
SENDAI
● TOHOKU ROSAI HOSP
  INOUE O      BIOMARKERS      6   190  01
  ● DEPT HYPERTENS & CARDIOL ..............
    ● AOBA KU
    -3-21 DAINOHARA 4
  MUNAKATA M   AM J HYPERT    14   141  01
  ● DEPT INTERNAL MED .....................
  XUI YQ       ONCOL REP       8  1177  01
  ● DEPT ORTHOPAED SURG ...................
    ● AOBA KU
  SUGITA T     CLIN ORTHOP         171  01
  ● DEPT PATHOL ...........................
  GOTO M       J AM S NEPH    12  1965  01
  PILICHOW.M   ENDOCR PATH    12    55  01
      "            "          12   147  01
  XUI YQ       ONCOL REP       8  1177  01
  YOSHIDA R    INT J ONCOL    18   513  01
```

3 − 11 図　*SCI* の Corporate Index

　shtml）その他，引用索引として 2004 年 11 月にエルゼビア社から世界最大の引用文献データベース SCOPUS が登場した。収録雑誌は，世界 4,000 以上の国際的出版社から 15,000 誌以上の科学・技術・医学・社会科学を網羅するデータベースである。Web of Science は，1961 年から引用文献を入力しているのに対して，SCOPUS は 1996 年以降出版された論文から引用・参考文献を収録している点を念頭において使用することが肝心である。[1]

5) *Current Contents* : Institute for Scientific Informaion

Life Sciences
Agriculture, Biology & Enviromental Sciences
Physical, Chemical & Earth Sciences
Clinical Medicine
Engineering, Technology & Applied Sciences

［歴　史］

　Current Contents は，索引作業の遅れや新着雑誌の目次に掲載された情報をより早く閲覧できるようにと，ガーフィールドによって考え出された，雑誌の目次速報誌である。はじめは雑誌の実物から目次を切り取り，コピー機でＡ５判に拡大や縮小したり，実物を糊とハサミで切り貼りして作成された。

　1952年に，図書館学や文献管理，電算機に関する雑誌の目次頁を縮小，複製した『カレント・コンテンツ』の原型ともいうべき雑誌を発行した。しかし，この種の書誌情報は少し時代を先取りしたせいか，予期したほどの需要もなく，やむなく1953年に廃刊に追い込まれた。その後，1955年「経営文献予報；*Management Documentation Preview*」を発行し，翌年の1956年に「Current Contents（経営・社会科学）」と改名。こうして今日の *Current Contents* が誕生したのである。現在 Current Contents には人文社会科学から自然科学に至るまで7種類が出版されているが，この7分野に落ち着くまでには時間がかかった[2]。

［構　成］

　自然科学分野では，生命科学（Life　Sciences），農・生物・環境科学（Agriculture, Biology & Enviromental Sciences），物理・化学・地球科学（Physical,Chemical & Earth Sciences），臨床医学（Clinical Medicine）および工学・技術・応用科学（Engineering, Technology & Applied Sciences）が刊行されている。

1）　ヤチヨ・ピーター，高木知子・加藤多恵子訳：講演「引用データによって強化された学術情報データベースをいかに評価するか」情報管理 Vol. 48(12)：763-774，2006．
2）　窪田輝蔵：科学を計る—ガーフィールドとインパクト・ファクター　インターメディカル　1996．

3. 自然科学分野

　Current Contents は，世界の主要な学術誌の目次を，雑誌の発行以前に特別のルートで集め，毎週決まった曜日に航空便で世界中に発送され，原著の発表後1カ月以内に目的情報を提供するものである（3-12図参照）。

　この速報誌には，全論文のタイトルから完璧なキーワードを抽出して作られた Weekly Subject Index が準備され，キーワードから利用者の求める雑誌に到達できる，いわゆる選択的情報提供（SDI：Selective Dissemination of Information）が可能で，これらの市販目次速報誌を利用して，より的確で効果的な情報提供も可能である。その他，この速報誌には，毎週 "Current Book Contents" という重要な新刊の単行本の目次も紹介されている。なお，ISI では利用者が *Current Contents* を見て原報が必要な場合には，送付サービスも実施している。現在 *Current Contents* は CD-ROM も発売され，冊子体の重要性は少なくなってきている。

　また，Current Contents の Web 版で質的にレベルの高い厳選された学術雑誌や新刊書および会議録の完全な目次，著者抄録，書誌情報を毎日更新して提供するデータベース Current Contents Connect も利用できる。

e. ファクト情報

1）*BEILSTEIN* 全書

　　Beilstein Handbook of Organic Chemistry. Compieled by the Beilstein-Institut für Literatur der Organische Chemie. Beilstein Information system GmbH. 1918-

　Beilstein　の有機化学全書（*Beilstein's Handbuch der Organischen Chemie* 以下，全書と略す）は，化学構造に基づいた特有の体系によってすべての有機化合物を構造式に従って分類・整理し，これらに名称，分子式，構造，製法，物理学的・化学的および生理学的性質，応用，分析などに関するいっさいの文献を収録し，解説を加えて出来上がった叢書で，この種の全書では最も権威のあるものである。各事項には原著雑誌，抄録雑誌，分子式辞典などの一次・二次資料への関連が完全に明記されている。この全書は，有機化学文献の宝庫として科学者，技術者にも久しく読まれ，刊行以来，一世紀にわたって世界の化学・技術の興隆と発展に寄与してきた。

Japanese Heart Journal
Vol. 42 No. 4 (JUL 2001)

Cardiovascular & Respiratory Systems

CLINICAL STUDIES

Angiographic classification of coronary dissections after plain old balloon angioplasty for prediction of regression at follow-up
　J Shigeyama, S Ito, H Kondo, O Ito, T Matsushita, M Okamoto, J Toyama, Y Ban, T Fukutomi, M Itoh
　Article　　　　　　　　　　　　　　　　　　　　　　　　　　　　　　　　　　　393-408

Angiographic and clinical follow-up after coronary implantation of the ACS Multilink Duet stent - A single center experience
　T Sayin, B Berkalp, O Akyurek, C Kervancioglu, D Oral
　Article　　　　　　　　　　　　　　　　　　　　　　　　　　　　　　　　　　　409-416

The incidence of coronary artery disease in patients with symptomatic bradyarrhythmias
　CW Hsueh, WL Lee, YT Chen, CT Ting
　Article　　　　　　　　　　　　　　　　　　　　　　　　　　　　　　　　　　　417-423

Effects of platelet transfusion on post cardiopulmonary bypass bleeding
　S Premaratne, AM Razzuk, DR Premaratne, MM Mugiishi, NW Hasaniya, AF Behling
　Article　　　　　　　　　　　　　　　　　　　　　　　　　　　　　　　　　　　425-433

Usefulness of BMIPP SPECT to evaluate myocardial viability, contractile reserve and coronary stenotic progression after reperfusion in acute myocardial infarction
　E Katsunuma, S Kurokawa, M Takahashi, N Fukuda, T Kurosawa, T Izumi
　Article　　　　　　　　　　　　　　　　　　　　　　　　　　　　　　　　　　　435-449

Comparison of T-wave alternans and QT interval dispersion to predict ventricular tachyarrhythmia in patients with dilated cardiomyopathy and without antiarrhythmic drugs - A prospective study
　K Sakabe, T Ikeda, T Sakata, A Kawase, K Kumagai, N Tezuka, M Takami, T Nakae, M Noro, Y Enjoji, K Sugi, T Yamaguchi
　Article　　　　　　　　　　　　　　　　　　　　　　　　　　　　　　　　　　　451-457

Effects of increased physical activity and mild calorie restriction on heart rate variability in obese women
　H Ito, A Ohshima, M Tsuzuki, N Ohto, M Yanagawa, T Maruyama, Y Kaji, S Kanaya, K Nishioka
　Article　　　　　　　　　　　　　　　　　　　　　　　　　　　　　　　　　　　459-469

Plasma natriuretic peptide levels and daily physical activity in patients with pacemaker implantation
　XY Wu, Y Seino, H Ogura, N Fukuma, T Katoh, T Takano
　Article　　　　　　　　　　　　　　　　　　　　　　　　　　　　　　　　　　　471-482

Echocardiographic evaluation of right cardiac function in patients with chronic pulmonary diseases
　Y Miyahara, S Ikeda, T Yoshinaga, K Yamaguchi, E NishimuraShirono, T Yamasa, S Hamabe, K Nakamura, S Kohno
　Article　　　　　　　　　　　　　　　　　　　　　　　　　　　　　　　　　　　483-493

EXPERIMENTAL STUDIES

New thermo-couple copper constantan catheter for measuring regional coronary blood flow and evaluating metabolism
　A Kurita, T Matsui, T Ishizuka, B Takase, K Satomura, S Hara
　Article　　　　　　　　　　　　　　　　　　　　　　　　　　　　　　　　　　　495-506

Influence of calcitonin gene-related peptide release on pH-induced mechanical depression in rat atria
　AG Alvis, V Milesi, A Rebolledo, J Raingo, AOG deGende
　Article　　　　　　　　　　　　　　　　　　　　　　　　　　　　　　　　　　　507-517

CASE REPORTS

Successful metallic stent placement for recurrent stenosis after balloon angioplasty of membranous obstruction of inferior vena cava
　WC Hung, CY Fang, CJ Wu, PH Lo, JS Hung
　Article　　　　　　　　　　　　　　　　　　　　　　　　　　　　　　　　　　　519-523

Prominent systolic coronary flow in a coronary artery fistula with a giant aneurysma
　T Hori, T Matsubara, I Nakagawa, S Imai, K Ozaki, K Hatada, K Tsuchida, H Watanabe, M Kitamura, J Hayashi, Y Aizawa
　Article　　　　　　　　　　　　　　　　　　　　　　　　　　　　　　　　　　　525-531

Transcatheter closure of the patent ductus arteriosus using an amplatzer duct occluder in adults
　CH Lee, YL Leung, WH Chow
　Article　　　　　　　　　　　　　　　　　　　　　　　　　　　　　　　　　　　533-537

3 －12図　*Current Contents*　CD-ROM版より出力

3. 自然科学分野

この全書は，ペテルブルク大学教授バイルシュタイン (F.K.Beilstein) が自己の調査・研究用に集めた文献集から出発し，1882年に公刊したのが第1版であった。第3版 (1930 – 1939) まで独力で継続したが，その後は数人の有力な協力者が参加し，事業はドイツ化学会へ引き継がれて次第に発展した。第4版 (1950 – 1959) までドイツ語で刊行，1984年第5増補編 (1960 – 1979) から新たに英語で刊行された。発行は，従来のSpringer-Verlagから1994年に現在のBeilstein Information system GmbHに引き継がれたが，諸般の事情で第5増補編で終刊となった。

現在は，ファクトデータベースとしてオンラインやインターネットでの提供とCD-ROM版が発売されている。

Beilstein Current Facts in Chemistry. Beilstein Information System Inc. 1990.

主要120誌以上から抜粋した有機化学関係の文献とデータ集を収録。反応，調合，物性，バイルシュタイン登録番号，化学構造式，文献資料などを収録し，データは構造，BRN，CAS，毒性，環境データ，キーワード，書誌事項，著者名，CODENなどを含む。ソースコード (SO) を使用してハンドブックも参照できる。

2） *GMELIN*

Gmelin Handbook of Inorganic and Organometallic Chemistry. Gmelin-Institut für Anorganische Chemie ed., Springer-Verlag., 1990 – 有機化学の *Beilstein* 全書とならんで，無機化学の *Gmelin's Handbuch der Anorganichen Chemie* は，化学文献を支える二つの柱とされてきた。

この全書は，ハイデルベルク大学教授グメリン (Leopold Gmelin,) が1817年，講義の目的で著した *Handbuch der theoretischen Chemie* が始まりとされ，Gmelinの死後，クラウト (Karl Kraut) の監修で第6版 (1872) と第7版 (1905) をGmelin-Krautの名を冠して出版したが，1921年に *Beilstein* に対応する無機全書の編集を決定したドイツ化学会がGmelinの編集を譲りうけ，従来の形にとらわれず，新たに書き改め，1924年第8版を発行。1946年から現在まではMax Plank協会のGmelin Institutで編集が行われている。1982年以降の新版はすべて

英語で出版。また，有機金属化合物の巻が次第に増加してきたため，1990年9月から書名も上記のように *GMELIN* と改名され，現在に至っている。現在，希ガスの第1巻から超ウラン元素の第71巻まで構成され，陰イオンをつくる元素が短周期周期律表の族ごとにまとめられ，またNHが独立してアルカリ金属の後にあるグメリン・システムにより体系づけられている。

化学式索引とその補遺がある。オンライン・データベースでは，冊子体の *Gmelin*（主題および増補編）からの厳密に校閲・評価されたデータを収録。さらに1988年から現在までの，無機化学，物理化学および有機金属化学の112の最も重要な雑誌，およびその他の物理学雑誌から選択されたデータも含んでいる。記述は英語である。

3）Cross Fire（*Beilstein/Gmelin*）

Cross Fire は，*Beilstein* と *Gmelin* の二つのデータベースを機能的に検索できる化学情報検索システムでMDL Information System GmbH（旧 Beilstein Information System GmbH）によって開発された。分子情報，反応情報，文献情報を統合した世界最大の化学データベース。800万件の分子情報および500万件の反応情報をハイパーテキストにより統合したため，従来の冊子体に比べ，飛躍的に利用しやすくなった。Cross Fire は，カートリッジによる磁気ディスクの使用とインターネット経由で利用可能である。

f. 自然科学分野の辞典・事典

〈科学一般〉

1）世界科学大事典　講談社　1977-1985　21冊．

McGraw-Hill Encyclopedia of Science and Technology の第3版の翻訳を基礎とする自然科学・技術分野を包括する事典。

2）岩波　理化学辞典　第5版　長倉三郎他　岩波書店　1998．

物理学及び化学を中心に，数学，天文・気象学，地質・鉱物学，生化学，工学など，広く自然科学全般の術語，人名などの項目を解説。

〈数　学〉

1）岩波　数学辞典　第3版　日本数学会　岩波書店　1985．

〈物理学〉

1）物理学辞典　三訂版　同編集委員会　培風館　2005．
　　物理学全般にわたり，用語集としてより，物理的内容を的確に理解するための辞典。

〈化　学〉

1）化学大辞典　大木道則ほか編　東京化学同人　1992．
　　基礎化学とその周辺分野のことばを簡潔，正確に解説。

2）標準化学用語辞典　日本化学会編　丸善　1991．
　　化学論文などに使われている化学用語を簡潔に解説した辞典。

3）カーク・オスマー化学大辞典　M. Grayson　丸善　1988．
　　Kirk-Othmer Concise Encyclopedia of Chemical technology（1985）の訳。

4）有機化学用語事典　古賀元ほか　朝倉書店　1990．
　　有機化学に必要な基礎的な用語について，その用語の理解だけでなく，そのバックグランドにも言及した事典。

5）有機化合物辞典　有機合成化学協会編　講談社　1985．
　　何百万といわれる有機化合物のうち，とくに有用なものを精選し，解説した辞典。

〈医学・薬学・歯学〉

1）医科学大事典　武見太郎ら　講談社　1982-83　51冊．
　　医学はもとより，広く関連分野にわたる事項，人名などの見出し項目を，読みによって五十音順に排列し，そのもとに対応外国語，同義語を添えて豊富な挿図を用いて解説。

2）最新医学大辞典　第3版　医歯薬出版　2005．
　　収録語数約52,000語の医学辞典。

3）医学書院医学大辞典　伊藤正男ほか総編集　医学書院　2003．
　　中項目・小項目の約5万語，2,500枚のカラー図版。

4）ドーランド図説医学大辞典　増補28版　広川書店　1997．
　　Dorland's Illustrated Medical Dictionary の翻訳版。

5）生化学辞典　第3版　井上圭三ほか編集　東京化学同人　1998．

生化学および関連領域の辞典.
  6) 薬科学大辞典　第3版　広川書店　2001.
  7) 医薬品一般名称辞典　1996　日本公定書協会編　薬事日報社　1996.
    医薬品名称調査会が定めた日本の一般名を中心に収録.
  8) 歯科医学大事典　医歯薬出版株式会社　1987-88　全6冊.
〈農　学〉
  1) 農学大事典　第2版　農学大事典編集委員会編　養賢堂　1991.

4.　工学・工業技術分野

(1)　工学・技術関係の主な一次資料

a. テクニカル・レポート

国内外の代表的なレポートには次のものがある.

[アメリカ]

  1)　**PBレポート**:　1945年，トルーマン (H. S. Truman) 大統領によって商務省内に設けられた "Publication Board" が第二次世界大戦の敗戦国 (日，独，伊) のレポートを収集し，PB番号を付して公開したことに始まる.その後 Publication Board は NTIS (National Technical Information Service) と改称され，DOD (国防省)，NASA (航空宇宙局)，DOE (エネルギー省) を除くアメリカ政府機関のレポートおよび政府付属機関，大学，企業研究所に委託した研究開発レポートを収集，公開している (220万件).「PBレポート」とは，これらのレポートの総称であり，"PB" は "Publication Board" の頭文字をとったものである.

  2)　**ADレポート**:　アメリカ国防省が発行するレポートで，国防省，陸海空三軍およびその付属研究所，大学，企業研究所に委託した国防に関する研究レポートである."AD" は当初，ASTIA (Armed Service Technical Information Agency) Documents の頭文字をとったものであったが，現在は "Accession Document" の略である.

　　　AD-A (一般配布用)，AD-D (パテント) が一般に公開され，他は機

4. 工学・工業技術分野

密扱いないし配布制限対象である。ASTIA は現在は DTIC（Defence Technical Information Center）となっているが，ここで集められたレポートで機密解除されたものを NTIS で探索用二次資料である *GRA & I*（*Government Reports Announcements & Index*）に掲載する。

初期の AD レポートは AD 番号の外に PB 番号をもつものが2万件ある。

3） **NASA レポート**：　航空力学の研究を直轄下に置くことを目的に 1915 年，アメリカ政府が NACA（National Advisory Committee for Aeronautics）を設置，そこで行われた航空関係の研究成果を毎年，議会に報告したが，それをまとめたものが NASA レポートである。そして，1959 年，現在のアメリカ航空宇宙局（National Aeronautics and Space Administration）に引き継がれ，NASA レポートとなった。

NASA レポートは，その付属研究機関，大学，企業研究所など契約機関が行った研究開発レポートを次のシリーズで発行している。

CR（*Contractor Report*）：NASA との契約，補助金によって行われた研究の報告書で，刊行件数が多い。

SP（*Special Publication*）：特定プロジェクトの概要紹介，ハンドブック，書誌など特定主題を扱い，レポート番号に続く番号で分類されている。

TM（*Technical Memorandum*）：機密扱い，研究中などの理由で配布制限対象。

TT-F（*Technical Translation*）：NASA が入手した外国航空宇宙文献で，英訳されており，旧ソ連，独，仏，日の文献が多い。

CP（*Conference Publication*）：NASA 各研究機関，フィールドセンターが主催する会議録である。

EP（*Educational Publication*）：NASA の教育関係の文献。

CASE：NASA が出願中の特許明細書。

4） **DOE レポート**：　1947 年，それまでの原子力研究の陸軍統括機関を引き継いで発足した原子力委員会（AEC）がその研究成果を AEC レポートとして公開，その後，エネルギー省（DOE：Department of Energy）に引き継がれている。DOE は委託研究制度をとっており，DOE レポートは DOE が委託，収集，発行するエネルギー全般のレポートである。

5) **INIS レポート**： INIS とは国際原子力情報システムのことで，INIS レポートは，国際原子力機関とその加盟国が収集した自国の非市販の原子力関係資料（レポート，特許，規格，博士論文，会議録など）をいう。これらの資料は INIS クリアリングハウスを通してマイクロフィッシュやオンラインで提供される。日本の JAERI-M も含まれている。

6) **RAND レポート**： アメリカ政府と民間の機関をスポンサーとして発足した RAND コーポレーションが行う福祉，国家の安全に関する研究の成果報告書である。

[日　本]

日本のテクニカル・レポートは公共試験研究機関，大学，学会などから発行されるものが多い。

1) 機械技術研究所報告
2) 機械技術研究所資料
3) 電子技術総合研究所研究報告
4) 電子技術総合研究所調査報告
5) 大阪工業技術試験所報告
6) 電子情報通信学会技術報告
7) JAERI 研究報告（日本原子力研究所）
8) JAERI-M　レポート
9) 宇宙開発事業団技術報告
10) 東京大学生産技術研究所報告
11) 電気学会技術報告
12) 情報処理学会研究報告

b. 特許資料

特許庁の特許電子図書館（IPDL）で，特許，実用新案，意匠，商標，外国文献，審判等の検索ができる。米国は USPTO，欧州は EPO の espacenet で検索できる。

1) **特許明細書**： 発明の内容を詳細に説明した資料で，特許請求範囲と詳細な技術の説明で構成される。主要各国の明細書は次の通りである。
　　日本：特許公報，公開特許公報（日本は，公報は明細書として扱う）

4. 工学・工業技術分野

アメリカ：*U.S.Patent Specification*
イギリス：*Patent Specification,Patent Application*（公開）
ドイツ：*Patentschrift,Offenlegengsschrift*（公開）
フランス：*Brevet d'Invention,Demande de Brevet d'Invention*（公開）
ベルギー：Brevets d'Invention

2) **特許公報**： 各国特許庁が行政上の必要から公示する資料で，国によって形式が異なる（米国：権利の抜粋抄録付，仏：技術抄録付，英，独：タイトルのみ）。

アメリカ：*Official Gazette of the United States Patent and Trade-Mark Office*
イギリス：*Official Journal*
ドイツ：*Patentblatt*
フランス：*Bulletin Official de la Propriete Industrielle*

c. 会 議 録

会議録は出版形態が多様であり，一見して会議録と分かるものもあるが，なかには序文などを読んで初めて会議録であることが分かる場合も多い。そこで，会議録を判別する上で参考となる方法と代表例について解説する。

(1) 通常の会議録（タイトルに"Proceedings"，"Paper"，"Record"「講演論文集」など会議録を表す用語を含むもの，また，"Conference"，"Workshop"，"Meeting"など会議を表す用語を含むもの）

1) *Proceedings of the 15th International Conference on Pattern Recognition*
2) *IEEE Ultrasonics Symposium Proceedings*（IEEEとは"Institute of Electrical and Electronics Engineers"の略でアメリカの電気・電子技術者協会である）。ただし，雑誌にも"Proceedings"とつくものがあるので要注意（*Proceedings of the IEEE*など）。
3) *Workshop on Computational Physics and Cellular Automata*
4) 2001年電子情報通信学会総合大会講演論文集

(2) "Advances in"，"State-of-the-art"で始まるものも会議録のことが多い。

1) *Advances in Powder Metallurgy & Particulate Materials* – 1996（*Proceed-*

　　　　　　　ings of the 1996 *World Congress on Powder Metallurgy & Particulate Materials*）

　　　2） *State-of-the-art in Computer Animation*

(3) シリーズものにも会議録が多い。

　　"IEE Conference Publication Series"（イギリス電気学会会議録シリーズ）

　　　・*IEE International Specialists Seminar-The Design and Application of Parallel Digital Processors-*（IEE Conference Pub-lication No. 298）

　　"Lecture Note Series"（シュプリンガー社のレクチャーノート・シリーズ）

　　　・*Lecture Notes in Computer Science No. 916*：*Digital Libraries current issues*（Digital Libraries Workshop DL '94）

　　"NATO ASI（Advanced Study Institute）Series"（NATO Science Committee のシリーズ）

　　　・*Computer Aided Analysis and Optimization of Mechanical System Dynamics*（NATO ASI Series F）

　　"SAE-SP Series"（アメリカ自動車技術協会のスペシャル・パブリケーション・シリーズ）

　　　・*Electronic Diesel Engine Controls- International Congress and Exposition 1989-*（SAE/SP-781）

　　"SAE-P Series"

　　　・*Monte・Carlo Auto Technologies Forum Proceedings*（SAE/P-87／191）

　　"SPIE Proceedings Series"（写真－光学計測技術者協会の会議録シリーズ）

　　　・*SPIE Proceedings* Vol. 2350　Videometrics Ⅲ

　　"ASME Paper"（アメリカ機械学会のペーパー・シリーズ）

　　　・*Heat and Mass Transfer in Fires*（AIAA/ASME Thermophysics and Heat transfer Conference（HTD-141））：Sponsored by The Heat transfer Division ASME

　　このほか工学系の著名なペーパーとして"AIAA Paper", "SAE Paper", "IEEE-Paper"がある。

"MRS Symposia Proceedings Series"
・*Layered Structures and Epitaxy*（MRS Symposia Proceedings Series Vol.56）
(4) 序文を読まなければ会議録であることの判断ができないもの。
・*Applied Solid Mechanics*-4 （序文に会議録であることが書かれている）
(5) 雑誌の特集号が会議録になっているものがある。
　1) 8th Symposium on Electronic Magnetic Launch Technology (EML)
　これは *IEEE Transaction on Magnetics* Vol.33 No.1が会議録特集号である。

他に，会議名の略称で通用するもの（IEDM：International Eelectron Device Meeting, ISSCC：International Solid State Circuits Conference 等）もある。

d．学術雑誌・専門雑誌
(1) **学協会機関誌・論文誌**： 原著論文を掲載する雑誌で「学協会誌」が中心であるが，出版社が独自に論文誌を発行するものも特に外国雑誌に多い。また，企業が発行する雑誌（技報）の中にも質の高い論文誌があるが，これは特許権の主張，PRなどの関係から研究成果の発表としては最も早く，購読価格も実費程度と安価（刊行物の交換に応じる企業も多い）であるが，情報をすべて公開していない場合もあるので，注意が必要である。
(学協会機関誌)
論文，解説，展望記事のほか，学会活動報告，会員動向事業報告などが掲載される。
　1) 日本機械学会誌，電気学会誌，電子情報通信学会誌，情報処理学会誌など
(学協会論文誌)
　1) 日本機械学会論文集：日本機械学会の発行する論文誌で（A）材料力学・材料など3部門がある。
　2) 電気学会論文誌：(A) 基礎・材料・共通部門など5部門がある。

3） 電子情報通信学会論文誌：(A) 基礎・境界など7部門がある。

4） *IEEE Transactions*：IEEE（アイトリプルイー）所属の学会，委員会が発行する機関誌で電気，電子，通信分野を中心に発行されている。*IEEE Transactions on Automatic Control* など30タイトル

5） *IEEE Journal*：*IEEE J. on Quantum Electronics* など6タイトル

6） *Transaction of the ASME*：ASME（アスメ）が発行する機械工学の機関誌で "J. of Applied Mechanics" など13シリーズが発行されている。

（出版社発行の論文誌）

1） *Acta Mechanica*（シュプリンガー社が発行する論文誌）

2） *Artificial Intelligence*（エルゼビア社が発行する論文誌）

（企業発行の技報）

1） *IBM J. of Research and Development*（IBM社）

2） *Hitachi Review*（日立製作所）

(2) **レター誌**： 物理，化学系の雑誌に多く見られるが，工学・技術系で主なものとしては次の雑誌がある。学協会誌では本誌と対になって発行される場合が多いが，出版社系では本誌のないものも多い。

1） *Electronics Letters*（Proceedings of IEE のレター誌）

2） *Information Processing Letters*（エルゼビア社が発行するレター誌）

3） *IEEE Electron Device Letters*（IEEE Trans. on Electron Device のレター誌）

4） *IEEE Microwave and Guided Wave Letters*（IEEE Trans. on Microwave Theory and Techniques のレター誌）

5） *ACM Letters on Programming Languages and Systems*（ACM Trans. on Programming Languages and systems のレター誌）

(3) **ニュース誌**：

1） *Naval Aviation News*

2） *IEE News*（IEEの発行する電気工学のニュース誌）

3） *Metals Industry News*

(4) **レビュー誌**： レビュー誌の例としては次のとおりであるが，"Annual Review…"，"Advances in…"，"Progress in…" などはハードカバーのも

のが多く，シリーズ図書として扱う方が適している場合もある。
1） *Electrical Review*
2） *International Lighting Review*
3） *IEE Review*
4） *IEEE Power Engineering Review*
5） *Manufacturing Review*
6） *Annual Review of Fluid Mechanics*（ハードカバーの単行書形態で発行 1984年以降はオンライン版もあり）
7） *Advances in Applied Mechanics*
8） *Progress in Rubber and Plastics Technology*

(5) **テクニカル雑誌**： 国内商業出版社の技術系の雑誌はほとんどこれに属する。
1） 電子技術（日刊工業新聞社）
2） 総合電気雑誌 OHM（オーム社）
3） 自動化技術（工業調査会）

(6) **規格情報誌**：
1） 標準化ジャーナル（JIS）
2） JAS 情報
3） *ISO Bulletin*
4） *IEC Bulletin*
5） *ASTM Standardization News*
6） *Mechanical Engineering*（ASME）などがある。

e. 学術図書
(1) **テキストブック**：
工学・技術系の図書の多くはテキスト類である。学部学生向けと大学院生以上の研究者，技術者向けのものがある。例を挙げると次のものがある。
（学部学生向け）
1） 電子情報通信学会大学シリーズ：電子情報通信学会が発行するテキストシリーズで「半導体デバイス」など10シリーズと演習シリーズが

ある。

2) *Elements of Strength of Materials* 5 ed. by Timoshenko, S. P., Van Nostrand, 1968.

材料力学の定評ある古典的教科書である。

(大学院生以上向け)

3) *Von Karman Institute for Fluid Dynamics Lecture Series*(Von Karman Institute)

流体力学の定評あるレクチャーシリーズである。

4) 超LSIテクノロジー S.M. シー著,武石喜幸他監訳 総研出版 1985.

(2) **入 門 書**:

1) 日刊工業新聞社 Science and Technology シリーズ

「データ通信のはなし」など(日刊工業新聞社)

2) 固体の力学／理論 Y.C.ファン 培風館 1970.

(3) **技術解説書**:

1) 半導体研究シリーズ 西澤潤一編(工業調査会)

この分野の専門技術者・研究者向けの高度な専門書である。

f. 規　　　格

(1) **国際規格**:

1) ISO規格:国際標準化機構の制定する規格(13,000件発行,1947年創設)。

2) IEC規格:国際電気標準会議の制定する電気,電子分野の規格で109の技術委員会により作成される(1906年創設)。

(2) **国家規格**:

1) 日本では日本工業標準調査会が制定する「JIS」(日本工業規格)と日本農林規格協会が制定する「JAS」(日本農林規格)がある。

2) 外国の主な国家規格としては「ANSI」(アメリカの国家規格で独自規格のほか, ASME, AWS, EIA, IEEE など主要団体規格を取り入れている),「DIN」(ドイツ国家規格で,広範な産業分野を対象とし,

ISO/EN 規格などへの影響力が大きい)，「BS」(イギリス国家規格で広範な産業分野を対象に制定。圧力容器 BS 5500，品質保証規格 BS 5750が有名) などがある。

(3) **団体規格**：
1) MIL 規格：アメリカ軍用規格で国防総省が制定，連邦政府規格，ASTM など団体規格も採用している。
2) ASME 規格：アメリカ機械学会規格で世界各国で採用されているボイラー，圧力容器の構造，材料，保全に関する規格を発行。多くが ANSI に採用されている。
3) IEEE 規格：アメリカ電気電子技術者協会規格で，電気，電子機器，機械電子部品，コンピュータの規格を制定。多くは ANSI に採用されるほか，LAN，コンピュータ・ソフトの規格はそのまま，ISO に採用される傾向が強く世界的規格である。

(4) **官公庁規格**：
1) 官公庁の定めた技術仕様書で，約 8,000 件あり，高圧ガス取締法などの中にも規格的なものも含まれている。

(5) **社内規格**：
1) HIS (日立製作所規格) などメーカーの制定する規格である。

(2) 工学・技術関係の主な二次資料

科学技術分野で二次資料が誕生したのは19世紀のことであるが，第二次世界大戦後，研究活動の活発化に伴う一次資料の増加の結果，これら一次資料へのアクセスの手段としての二次資料 (抄録誌，索引誌) が急速に発展した。

抄録誌，索引誌には雑誌論文，会議録，テクニカル・レポートを広くカバーするものから，学位論文，テクニカル・レポートなどを専門に扱うものがある。そして，データや特定事項を参照する参考図書も広い意味で二次資料に含まれる。

a. 抄 録 誌
1) 科学技術文献速報：科学技術振興事業団 (JST) は国内外の主要な

科学技術資料（外国雑誌4千誌，国内雑誌7千誌，技術レポート2万5千件，会議資料700冊）を収集し，日本語の抄録を付与して総合抄録誌を発行している。この抄録誌が『科学技術文献速報』(通称「文速」)であり，11のシリーズがある。CD-ROM版は1995年より刊行。1975年以降のデータファイルがEnjoy JOISで検索できる。外国語で記述された文献も，題名（訳）・抄録・キーワードが日本語で記載されているので，日本語による検索が可能。

2) *Science Abstracts*：IEEのINSPECにIEEEが協力して発行する著名な報知的抄録誌で，物理・応用物理編，電気・電子工学編，コンピュータ・制御工学編からなり，雑誌，会議録，テクニカル・レポート，図書，博士論文を対象とする。シリーズの"*Physics Abstracts*""*Electrical and Electronics Abstracts*""*Computer and Control Abstracts*"および"*IT focus*"の4誌の印刷体出版物に対応するのがINSPEC (Information Services for Physics, Electronics and Computing)で，4,100誌以上の雑誌と逐次刊行物を査読しており，そのうち約750誌は全紙面を抄録している。原出版物の約16％を占める英語以外の記事も含め，すべての記事が英語で抄録・索引されている。著者が作成した抄録がある場合は，それを使用。1969年以降が検索できる。DIALOGなどでオンライン検索ができるほか，CD-ROM版もある。

3) *Engineering Index*：Indexとついているが，抄録誌である。工学一般をカバーするが，機械工学の文献収録数が多い。1970年以降はDIALOGでオンライン検索ができるほか，CD-ROM版もある。

月刊版と年刊版があり，工学系の雑誌，テクニカル・レポート，会議録，規格が対象で，探索用に*Subject Heading for Engineering, EI-Thesaurus*がある。

4) *Applied Mechanics Reviews*：ASMEが発行する機械工学の代表的な抄録誌で，論文の評価を加えているため，抄録は400～600語と長い。毎号の先頭に"Feature Article"が掲載される。タイムラグが大きいため，速報性を重視した調査には向かない。

5) *Metals Abstracts*：*ASM Review of Metal Literature*と*Metallurgical Ab-*

4. 工学・工業技術分野

stracts が合併して1968年に創刊された金属工学の代表的な抄録誌で，本編のほかに *Metals Abstracts Index* と *Alloys Index* が刊行される。

イギリス金属学会の分類法式で 33 項目に分類されている。Metals Abstracts Index はアメリカ金属学会のシソーラスとコンピュータ索引方式を取り入れ，本誌とタイムラグなしに刊行されている。

METADEX（Metals Abstracts/Alloys Index）データベースは，世界中の金属関連文献を包括的に収録し，印刷体出版物の Review of Metal Literature（1966 年～1967 年），Metals Abstracts（1968 年～現在），Alloys Index（1974 年～現在），Steels Supplement（1983 年～1984 年），Steels Alert（1985年1月～6月）に各々対応している。Metals Abstracts の部分は，約 1,200 誌の一次資料（雑誌）に対する参考事項を収録しており，商品名，数値および成分名により，表記された合金，特殊な金属系，ならびにこれらの系の金属間化合物により検索を可能にしている。Alloys Index は Metals Abstracts を補完している。1979 年以降のほとんどのレコードに詳述抄録付き。

6） *Government Reports Announcements & Index*（*GRA & I*）：NTIS が収集するアメリカ政府のテクニカル・レポートだけを対象とする抄録誌で，科学技術全般にわたる。Personal Authour, Corporate Authour, Contract/Number, Keyword, NTIS Order/Report Number, Media Code/Report Number Index を利用する。オンライン検索もできる。（→PB レポートの項を参照。）

7） *Scientific & Technical Aerospace Reports*（*STAR*）：NASA およびその契約機関，委託機関，政府機関，大学などが発行した航空・宇宙関係のテクニカル・レポート，特許，博士論文だけを対象とする代表的抄録誌で抄録編と索引編に分かれており，IAA（次項）と共通分類のもとに排列されている。Subject Index（NASA シソーラスに基づく件名のもとに，標題，レポート番号，NASA 受入番号記載），Personal Authour, Corporate Authour, Contract Number, Report Number の各インデックスがついている（オンライン検索もできる Aerospace Database は世界 40 カ国以上（日本，東欧諸国を含む）の航空宇宙分野の

科学技術資料，単行本，レポート，会議資料などの書誌情報・抄録・統制語による索引を提供しており，航空，宇宙航行，宇宙科学に関する基礎および応用研究のほか，化学，地学，物理学，通信，電子工学などの関連分野における技術開発や応用も対象としている。Aerospace Database は American Institute of Aeronautics and Astronautics の発行する International Aerospace Abstracts (IAA) のオンライン版で，さらに NASA その他の政府機関，国際機関，大学，民間企業の発行するレポートをも収録している (DIALOG)。

8) *International Aerospace Abstracts* (*IAA*)："STAR" がテクニカル・レポート，特許を対象としているのに対し，こちらは雑誌その他の文献を対象とした航空・宇宙関係の著名な抄録誌である。アメリカ航空・宇宙学会 (AIAA) が作成する Aeroplus Access Database は IAA のオンライン版で，STN から AEROSPACE ファイルとして提供されている。航空学，宇宙航行学，宇宙科学分野の基礎および応用研究やこれらに関連する分野の技術開発および応用に関する情報を，世界40ヶ国以上で発行される航空宇宙関連の文献から作成される。この中には NASA や他の米国政府機関，国際機関，大学，企業などのレポートからの情報も含まれている。レコードには，書誌情報，抄録，統制語があり，統制語のシソーラスは，CT フィールドで利用できる。

9) *Dissertation Abstracts International* (*DAI*)：University Microfilm International 社発行のアメリカ，カナダ，欧州ほかの学位論文を収集した抄録誌で，Author Index, Subject Index がある。ProQuest によりオンライン検索もできる。CD-ROM 版もある。

10) 公開特許出願抄録誌 (JAPIO)，特許・新案集報 (技報堂) など多数。

b. 索　引　誌

1) *Applied Science & Technology Index*：自然科学・環境・化学を中心に科学技術全般をカバーする索引誌で，英文で書かれた雑誌等約 400 誌を対象とし，1983 年以降約 100 万件を収録，年増 83,000 件。Wilson

の SilberPlatter によりオンライン検索もできる。
2) 雑誌記事索引：国立国会図書館が収集した国内刊行和雑誌約 9,000 誌，欧文誌 100 誌の記事を採録している。従来の科学技術編は 46(4) 1995 年で終刊となり，1996 年より『雑誌記事索引』と誌名変更し，年 6 回刊行の CD-ROM 版のみの刊行となり，従来の分類検索に加え標題からのキーワード検索も可能となった。オンライン版は 1975 年以降約 400 万件を収録。年増約 17 万件，2 週間更新。MT での頒布もある。
3) *Current Technology Index*（*CTI*）：*British Technology Index* から誌名変更された索引誌で，イギリスで発行された工学系の雑誌を対象としている。月刊であるが，年刊の累積版も発行され，カレントな調査，遡及調査の両方に対応している。タイムラグは 1 カ月。Catchword and TradeName Index と合わせたデータベースが Abstracts in New Technologies and Engineering（ANTE）で，350 誌の抄録・索引サービスがある（抄録は 1993 年以降）。
4) *Index to Scientific & Technical Proceedings*（*ISTP*）：科学技術，医学の会議録を対象とした包括的索引誌。月刊であるが，年刊累積版も発行されている。本編は "Contents of Proceedings" で，Category Index, Author/Editor Index, Corporate Index がある。1999 年以降分はデータベース ISI 社による ISI Proceedings の Science & Technology 編で検索可能。また，2001 年 1 月以降のレコードには，Science Citation Index Expanded と同じく引用文献付き。
5) *Conference Papers Index*：Cambridge Scientific Abstracts が発行する科学技術分野の会議論文の速報誌で，約 150 の科学技術関連の会議の約 50,000 件の論文を収録。会議のプログラム，抄録などから情報を得ているのでタイムラグなしに発行される。分類別排列。Subject Index, Author Index 付。
6) *Proceedings in Print*：全分野の会議録に関する索引誌。年間 3,000 件を収録する。記事は最新 2 年間分とそれ以前に分かれ会議名順。
7) *Science Citation Index*：Citation Index（Source Index が収録する論文が引用している文献を第一著者順に排列）と Source Index（Citation

Index に収録されている雑誌の論文のタイトル,著者,引用文献数,巻号年を記載)および,Source Index に収録されている論文のタイトルから切り出したキーワードと Source Index への参照が載っている Permuterm Subject Index からなっている。CD-ROM 版もある。WWW 版が Web of Science として提供される。

8) 特許の索引誌としては「公告特許索引」,「公開特許索引」(いずれも JAPIO),「日本特許標準索引−公開−」,「日本特許標準索引−公告−」(特許資料センター)などがある。また,PATOLIS によるオンライン検索もできる。(b. 特許資料も参照)

c. コンテンツ誌

コンテンツ誌とは,雑誌の目次を集めて冊子体で発行する速報誌で索引誌の変形したものである。

1) *Current Contents* (*CC*):ISI 社が発行するコンテンツ誌で,雑誌名からアクセスできる。分野は科学技術のほか,医学,人文・社会科学まで広くカバーしている。目次がそのまま縮小コピーされている。収録雑誌リストが年 2 回掲載される。タイムラグは 2 週間。WWW 版が Current Contents Connect で,学術雑誌約 8,000 誌,新刊書と会議録約 2,000 冊の完全な目次,著者抄録および書誌情報が毎日更新される。加えて,約 3,600 の選定された Web 上の学術サイトへのアクセスも可能になっている。

2) *Ingenta*:約 25,000 タイトル以上の学術雑誌,1,000 万件以上(1988 年以降)の文献情報を収録し,ほぼ全分野をカバーする文献情報データベース。1988 年より目次情報を Web 上に公開していた Carl 社の Uncover と,電子ジャーナルサイトであった ingenta が合併し,書誌情報に加えて論文のフルテキストを提供する雑誌文献情報システムとなった。

d. 書　　誌

著作物をある目的のもとに集大成し,その書誌データを編成,排列した図

書・文献案内を「書誌」という。書誌には「一般書誌」,「解題書誌」,「主題書誌」,「集合書誌」,「個人書誌」,「翻訳書誌」,「双書合集書誌」がある。いくつかの例を挙げると,次のものがある。

(一般書誌)
1) 日本全国書誌:国立国会図書館で収集された国内出版物を対象とする。
2) *Books in Print*:R. R. Bowker 社刊。CD-ROM 版,WWW 版がある。

(解題書誌)
3) *Ulrich's Periodical Directory*:Bowker 社が発行する世界で発行される雑誌の書誌で,書誌事項,出版元住所,電話／Fax 番号,データベースの有無が記載されている。簡単な解説付のものもある。

(集合書誌)
複数の個人それぞれのもとに関係著作物を集めたもの。
4) 現代／日本科学技術者大事典(日外アソシエーツ)

(主題書誌)
特定の主題分野の文献を集めたもの。
5) 日本科学技術関係逐次刊行物総覧(国立国会図書館)

e. 目　　録
1) JICST 資料所蔵目録:科学技術系の資料の所蔵目録で,逐次刊行物編,会議録編,公共資料編がある(JICST)。CD-ROM 版あり。オンラインの Enjoy-JOIS から J-catalog も検索できる。
2) 新収洋書総合目録:国内の主要な図書館が収集した洋書を収録した総合目録で,毎年発行される(国立国会図書館)。1984-87 版までで刊行中止。
3) JIS 総目録:JIS 規格の検索ツールである。JIS ハンドブックのうちの 1 冊で,部門別に標題,番号,年,価格,経歴,翻訳版の有無,最新の改正・確認年月,対応国際規格が掲載されている。KIKAKUNET という検索システムでオンライン検索,コピーの注文ができる。

4） *ISO Catalogue*：ISO 規格の検索ツールである。番号順排列で，規格番号，制定・改正年号，標題，版次，価格コード，TC 番号など記載。番号索引，件名索引がある。ISO のホームページで検索ができる。

5） *Catalogue of IEC Publications*：IEC 規格の検索ツールである。番号順排列で，規格の Publication 番号，標題，版次，修正の有無，抄録を記載。件名索引がある。IEC のホームページで ICS コードによる検索ができる。

6） *BSI Standards Catalogue*：BS 規格の検索ツールである。番号順で主題から探すときは Sectional List of British Standards を用いる。BSI のホームページで検索ができる。

7） *Catalog of American National Standards*：ANSI の検索ツールである。部門別，標題順排列で，規格番号，標題，価格を記載。ANSIIEC のホームページで検索ができる。

8） 特許庁公報：特許庁が発行する特許公報の目録である。CD-ROM 版あり。

f. レファレンスブック（参考図書）

(1) ハンドブック・便覧

1） *Engineered Materials Handbook*（ASM International）：4 巻からなる工業材料のハンドブックで，エンジニアリング・プラスチックス，セラミックスなど工業材料の特性，構造解析などについて研究者，技術者向きに解説している。

2） 機械工学便覧（日本機械学会）：A（基礎編），B（応用編），C（エンジニアリング編）の 3 編からなる機械工学の研究者，技術者，学生を対象とした代表的なハンドブックである。

3） 新版電気工学ハンドブック（日本電気学会）：電気工学分野全体をカバーする研究者，技術者，学生を対象としたハンドブックで学際的利用も考慮されている。

(2) 辞典・事典

1) 電気電子用語大事典（オーム社）：研究者，技術者，学生を対象とした電気電子分野の用語を収録し，解説した総合電気工学事典で，1万5千語を収録。
2) 機械工学辞典（朝倉書店）：技術者，学生対象の辞典で，JIS用語の中から選択している。
3) JIS工業用語大辞典（日本規格協会）：JISに規定されている用語規格，個別規格に規定されている基本的，共通的用語を収録。同音異義語は分野を判別できるよう，規格番号が付されている。
4) *Encyclopedia of Microcomputers*（Marcel Dekker）：マイクロコンピュータの技術者，研究者などを対象とした専門百科事典で，マイクロコンピュータ技術全体にわたる歴史，現状，展望をまとめている。

(3) データブック

1) 金属データブック（日本金属学会）：金属便覧からデータ部分を取り出してまとめたもので，金属便覧との併用が望ましい。
2) 強度設計データブック（裳華房）：A, B, C各編は記号，用語，単位の説明，総論などで，D編が強度設計に必要なデータ集となっている。
3) *Handbook of Ternary Alloy Phase Diagrams*：ASMが発行する全10巻からなる三元系合金状態図で，CD-ROM版もある。

(4) 全　　書

1) 共立全書：自然科学，工学分野の定評ある全書で，260冊におよぶが，品切れのものもある。

(5) 年　　鑑

1) 電子工業年鑑（電波新聞社）：電子工業の現状と今後の展望について，各種データに基づいて述べられている。
2) 電子部品年鑑（中日社）：総論，各論の2編からなり，前者は電子部品，デバイス全体の市場動向，後者は11分野に分けた各部品の製品動向，市場動向を記載している。

(6) ガイドブック

1) 配管設計ガイドブック（共立出版）：配管設計者の業務，設計例，設計関係のデータを記載したデータブックである。

(7) 白　　書
   1) 科学技術白書（科学技術庁）：国内外の科学技術の動向のまとめ．
(8) 法　規　集
   1) 電波法令集（電気通信振興会）
   2) 電気用品取締法関係法令集（日本電気協会）
(9) ディレクトリ
   1) *IEEE Membership Directory* 1994：32万名以上のIEEEメンバーの氏名，会員種別，生年月日，学位ほかのデータが記載されている（オンラインで検索できる）．
   2) 全国工場通覧（日刊工業新聞社）：全国の工場名，所在地，主要製品名などを記載したディレクトリである．

第4章　専門資料とメディアの多様化

1.　電子化時代の専門資料

（1）　電子化の動向と専門資料

　電子化された専門資料に関して，その動向を解明することは，現状では難しい。電子化された資料（以下，「電子資料」と略称する）がまだ定着していないことと，質量ともに，今後発展する可能性をもっていることが，その背景にある。

　したがって，本稿では，電子資料を，原則として印刷資料（伝統的な紙に印刷された資料）の補助的なもの，あるいは発展過程にあるものとして，限定的に取り扱うことにした。しかし，次に紹介するように，電子資料しか存在しないもの，電子化されたために専門資料としての価値が大きくなったものなど，電子資料の重要性は急速に増大している。

（2）　電子出版物としてのCD-ROM

　電子媒体の形で出版されている電子出版物にはパッケージ型とオンライン型があり，パッケージ型の中心としてCD-ROM（最終的にはDVDに移行するものと予想されるが）を挙げることができる。CD-ROMの出版はかなり盛んであり，初期の頃に多かった娯楽性の高いCD-ROMから，学術・専門的な資料も含む総合的な内容へと移行しつつあり，この傾向は今後も続くものと思われる。

　専門資料の代表例として，大蔵省印刷局発行の白書のCD-ROM版は，『通信白書』に付録として登場するなど，かなり種類が増えた。また，『日本国勢図会』掲載の70年分のデータを収録したCD-ROM版[1]，創刊以来の岩波文庫

---

1)　国勢社　1997.

の解説目録2,800点5,000冊分を自由に検索できるように編集した『岩波文庫総目録』CD-ROM[1]，歌舞伎のすべてを初心者にもわかるように動画も含めて収録した『デジタル歌舞伎エンサイクロペディア』（CD-ROM）[2]などは，印刷資料では活用困難な情報を容易に取り出すことが可能で，まったく新しい出版物ということができる。

このように，利用する価値の大きなCD-ROM出版物も増えているが，一般にはまだ，印刷資料のすきまを電子資料が埋めているという段階で，これがしばらく続くものと思われる。すなわち，印刷物の付録として，またはそのままCD-ROM化しただけという補助的な存在ではあるが，従来型の印刷資料に対してその重要性と数量が，次第に大きくなっていくことが予想される。

2. メディアによる資料の区分

電子資料にもいくつかの種類があり，それぞれに，その適性，応用範囲，用途などが異なる。データベース資料を取り上げてみると，オンライン・データベースとオフライン・データベースがあり，電子出版ではパッケージ型と称するオフライン・データベースとしてのCD-ROMまたはDVDが主流となりつつあるが，オンラインでも同じような内容でサービスされている場合が多い。これら電子資料を含む資料区分の考え方はいくつかあるが，ここでは図書館資料に限定して考えることにする。

図書館資料は大きく2つに分けることができる。印刷資料と非印刷資料である。ここで取り上げている電子資料は非印刷資料であるから，非印刷資料にはどのようなものがあるかを考えてみると，次のようになる。なお，この区分は，『改訂図書館資料論』（樹村房　1988）掲載の表をもとにして，編成し直

---

1) 岩波書店　1997．
2) 松井今朝子編著：アスキー　1995　CD-ROM & BOOK（BOOKは46ページ）
　　なお，この1995年版はWindows 3.1に対応しているが，1997年版では編集内容がさらに多機能になり，Windows 95でなければ作動しなくなっている。電子資料はこのように，改訂されると前のソフトでは動かなくなり，新しいソフトを導入しなければならなかったり，場合によっては新しく機械を買い替えなければならないという問題がある。

2. メディアによる資料の区分

したものである[1]。
(1) マイクロ写真資料（ロール・マイクロフィルム，マイクロフィッシュ，マイクロカセットなど）
(2) 視聴覚資料（スライド，フィルムストリップ，映画フィルム，ビデオテープ，音盤レコード，録音テープ，音盤CDなど）
(3) 電子資料（CD-ROM，DVD，CD-R，磁気テープ，磁気ディスクなど）

　さらに，上記に加えて，オンライン・データベースおよびオンライン情報サービスを電子資料の中に含めることができる。蔵書ということはできないが，図書館資料として既に利用されている。なお，非印刷資料としては，文書，手紙，原稿などの手書き資料が存在するが，司書資格科目としては，「専門資料論」よりは「資料特論」の対象であると考えるので，本稿では取り扱わない。

　この区分の中の電子資料を細分すると4－1図のようになる。これはデータベース分類として掲げられているものであるが，他に適当な分類が見当たらないので，この分類を利用することにした。ここではデータベースを2つに分けて考えており，一つはリファレンス・データベース（文献データベース），も

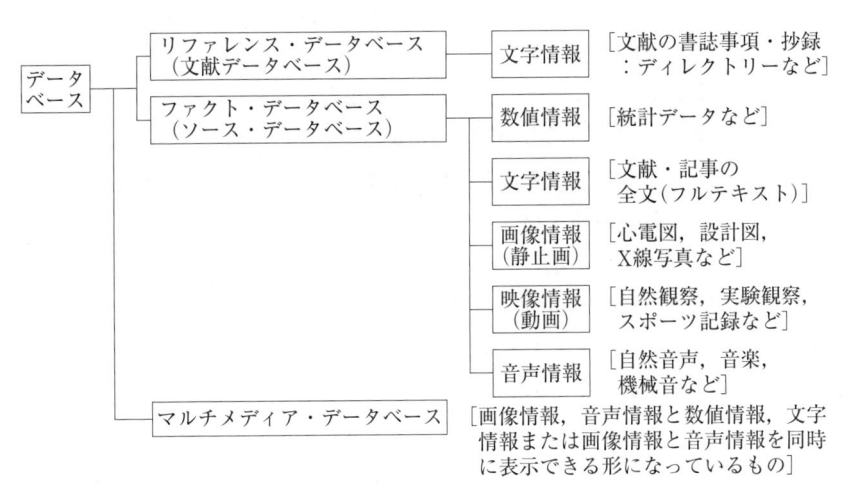

```
データ ─┬─ リファレンス・データベース ─── 文字情報  ［文献の書誌事項・抄録
ベース  │   （文献データベース）                    ：ディレクトリーなど］
        ├─ ファクト・データベース    ─┬─ 数値情報  ［統計データなど］
        │   （ソース・データベース）  │
        │                              ├─ 文字情報  ［文献・記事の
        │                              │             全文(フルテキスト)］
        │                              ├─ 画像情報  ［心電図，設計図，
        │                              │   （静止画）  X線写真など］
        │                              ├─ 映像情報  ［自然観察，実験観察，
        │                              │   （動画）    スポーツ記録など］
        │                              └─ 音声情報  ［自然音声，音楽，
        │                                              機械音など］
        └─ マルチメディア・データベース ［画像情報，音声情報と数値情報，文字
                                          情報または画像情報と音声情報を同時
                                          に表示できる形になっているもの］
```

　　　　　　　　　4－1図　データベースの分類

---

1) 古賀節子ほか：改訂図書館資料論（図書館学シリーズ2）樹村房　1988　p.59．

う一つはファクト・データベースであり,これらを統合したものをマルチメディア・データベースと称している[1]。

3. 電子資料の動向

電子資料の増加の様子を,発行点数,サービス状況,利用状況などから探ってみよう。ここで電子資料というのは,データベース化された資料のことをいう。データベース化されていない電子資料も存在しないわけではないが,そのような電子資料は使いこなすことが困難である。データベース化された資料は容易に活用することが可能で,しかも多機能なものであり,専門資料としての価値が高い。

データベース化された情報を「データベース」と呼ぶことにする。データベースの定義は,著作権法によれば,「論文,数値,図形その他の情報の集合物であって,それらの情報を電子計算機を用いて検索することができるように体系的に構成したもの」(「著作権法」第2条10の3)である。

データベースがどのように増加したかを比較するのに都合のよい表があるので,4-1表として掲載する。これを見ると,10年間でデータベースの数は3倍に,売上高は2倍に,パスワード数(利用者数とみることもできる)は10倍近くまで増加していることが明らかになる[2]。

データベースを分野別にみると,10年前に一番多かったのが株式やマクロ経済統計などの経済情報を扱うビジネス分野で,全体の半分以上を占めていた。ついで,科学技術分野,一般分野,社会科学分野となっていた[3]。

さらに,今後5年間で最も成長が期待されるメディアとしては,① CD-ROMなど(73.9％),② パソコン通信によるDB(データベース)利用(67.2％),③ オンラインDB(32.8％),④ 個人用携帯端末(26.1％),⑤ FAXサービス(16.0％),⑥ 光磁気ディスク(13.4％),⑦ 新規媒体(13.4％),⑧ 衛星通信利用(8.4％),⑨ CATV 利用(8.4％),⑩ その他(10.1％)

---

1) データベース振興センター:データベース白書2001,2001.p.36.
2) データベース振興センター:データベース白書1995,1995.p.3.
3) 同上 p.4.

3. 電子資料の動向

4-1表 データベース10年の歩み

	1993年	1984年
売上高（億円）	2,115	967
商用データベース数 （輸入＋国産）	2,980	924
国産データベース数	1,007	199
同（分野別）一般	404	35
科学技術	129	43
社会科学	41	2
ビジネス	422	108
その他	11	11
海外提供データベース数	353	28
提供社数	203	75
同・プロデューサ数	126	55
提供形態 　オンライン比率	78.2%	12.3%
パスワード数	317,773	32,071
日米比較（米／日）	8.1倍	23.9倍
売上高	5.6倍	5.0倍
パスワード数	8.1倍	23.9倍
国産データベース数	5.1倍	8.3倍

(注)パスワード数は日経BP社「日経ニューメディア」調べ。数値は，1985．1．1現在と1994．1．1現在。
海外提供データベース数は，1994年と1987年の数値。
日米比較は，日本を1としたときの比較。

となっている[1]。

データの種類についての調査では，まず，オンラインで現在提供しているものとして挙げられているのは，① 文字（ファクト）（65.3％），② 文字（書誌などのリファレンス）（25.9％），③ 数値（45.8％），④ 描画・グラフなど（16.7％），⑤ 静止画など（12.5％），⑥ 音声（2.8％），⑦ 動画（1.4％）となっている[2]。

---

1) データベース振興センター：データベース白書1995，1995．p.33．
2) 同上　p.37．

また，オフラインで現在提供されているものでは，① 文字（ファクト）（61.1％），② 文字（書誌などのリファレンス）（41.7％），③ 数値（40.3％），④ 静止画など（23.6％），⑤ 描画・グラフ（9.7％），⑥ 音声（4.2％），⑦ 動画（2.8％）の順となっている[1]。

4. 専門資料とネットワークの利用

前項（3.電子資料の動向）でも紹介したように，今後，成長が期待されるメディアとして，インターネット，オンライン・データベース，携帯端末などがある。これらは通信ネットワークを利用したメディアである。また，そこに流通するデータは，あらゆる種類のものを含んでいる。

そこで，マルチメディアという用語が重要になる。「マルチメディア」とは，「デジタル化された映像・文字・音声データなどを組み合わせて，総合的なメディアとして利用すること」と定義づけられている[2]。① ディジタル化された，② 複数のメディアを，③ 組み合わせて，④ 総合的なメディアとして，利用する，というのが，マルチメディアの考え方である。

メディア（情報伝達手段）の種類としては，① 文字（新聞，雑誌，本など），② 音声（音声ライブラリ），③ 音楽（音楽ライブラリ，効果音ライブラリ），④ 図形（地図，設計図面，イラスト，デザイン，絵画など），⑤ 映像（映画ライブラリ）などがあり，これらは実用化され，現在利用されている。これに加えて，⑥ 三次元立体映像空間（バーチャルリアリティ，三次元立体映像），⑦ 触覚・体感空間（重さを感じる手袋，振動を感じる椅子など），⑧ 香り・匂い空間（料理番組で匂いを出す，花の香りを出すなど），⑨ 味覚，などがあるが，これらのものは情報資源として利用する方策や技術は現在研究中で，実用化はされていない[3]。

しかし，ディジタル化されたデータを組み合わせて総合的に利用することの可能なコンピュータ技術のさらなる発展により，まだ実用化の段階には至って

1）　データベース振興センター：データベース白書1995，1995．p.38．
2）　『辞林21』　三省堂　1993　p.1955．
3）　長尾真：電子図書館　岩波書店　1994　p.31．

いない ⑥ 三次元立体映像空間 などについても，次第に実用化されていくことが期待されている。

　このようなメディアは，ディジタル化したものか，あるいはディジタル化が可能なものであるから，これを通信ネットワークで流すことができる。専門資料としては，個人的に，あるいは組織的に，さらに総合的に利用することが容易になることが期待される。

　このようなメディア，特にマルチメディアの特徴を生かして，さまざまな新しいビジネスやサービスの誕生が予想されている。〈マルチメディア新市場〉として紹介されているものの中から専門情報サービスに多少でも関連しそうなものを次に掲げる[1]。

(1) 機器・インフラ
　　広面積の液晶新聞表示装置
　　携帯用の電子出版物表示装置
　　電子伝言板技術
(2) 流　通
　　ホームショッピング（洋書）
　　配達指定の高度宅配サービス
　　消費者直接指示の生産システム
　　電子産地直送＝電直
(3) 交　通
　　高度カーナビゲーション
　　カーナビ向け情報提供サービス
(4) 都　市
　　総合防災管理ネットシステム
(5) 健康・福祉
　　医薬品宅配サービス
(6) 学習・研究
　　オンライン学習データベース

---

1) 中島洋：マルチメディア・ビジネス（ちくま新書）　筑摩書房　1995　p.108－109．

電子図書館
　　　国際研究開発データベース
(7)　経営支援
　　　高機能テレビ会議システム
　　　在宅勤務・サテライト勤務支援
　　　グループウエア通信サービス
　　　経営インフォメーション・オン・デマンド
　　　製品開発受託サービス
(8)　情報伝達・娯楽
　　　電子新聞・出版の配信サービス
　　　ビデオ・オン・デマンド（映画）
　　　ディジタル衛星テレビ
　　　ディジタル双方向CATV

5.　電子図書館の可能性

（1）　電子図書館とはなにか

　図書館は図書・資料（たとえば，図書という印刷物）を対象としているのに対して，電子図書館は電子資料を対象とする。あるいは，電子化された情報といった方が正確かもしれない。図書・資料の場合には，印刷物という明確な具体例があるので，あまり問題にならなかったことが，電子図書館では問題になる。
　電子図書館において対象とする情報に関して，次のような項目を検討しておく必要があるとして，長尾真は，次の4項目をあげている[1]。
(1)　電子図書館が対象とする情報の最小基本単位を設定しておくことが必要である。利用者がこれを利用するときに取り出す情報の単位である。従来の図書館では，図書，資料，雑誌のように1冊単位で利用されるのである

1）　長尾真：電子図書館　岩波書店　1994　p.48 – 49.

が，電子資料はさらに細かくても利用が可能なので，どこまで細分化するかが問題になるのである。

(2) 収録された情報を取り出すためには，その情報へのアクセスパス（取り出し経路）が付けられねばならない。そのために，情報の基本単位に対して，何らかの取り出しを目的とした情報（タグ）を付与する必要がある。

(3) アクセスパスはできるだけ複数個あることが必要である。異なった観点

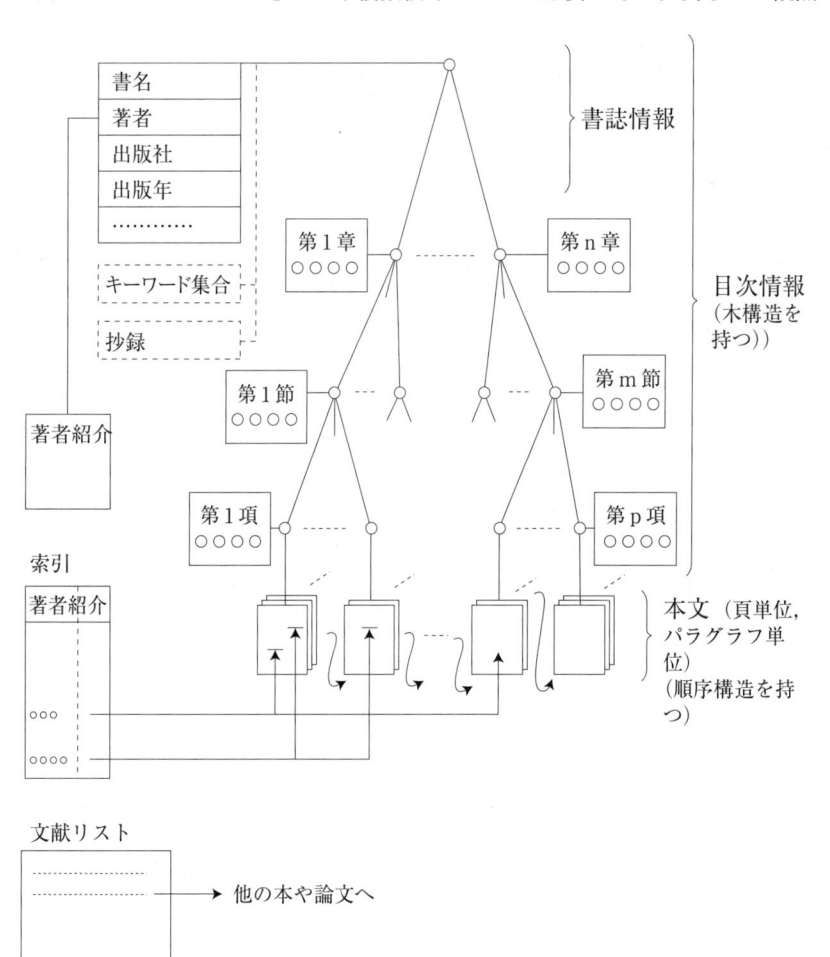

4－2図　図書の基本単位

から目指す情報に到達することを可能にするためである。また，文字以外の情報である音楽や映像の各場面ごとにタグを付け，ある種の説明を加えれば，それらの音楽や映像は，それぞれを情報の基本単位として取り出すことができるようになる。

(4) 図書，資料の基本単位については，図書1冊を例としてその構造を考えると4-2図のようになる。これを目次のレベルまでの細分で留めるか，あるいは，さらに本文のパラグラフ単位まで細かくするかは，著作物の専門分野によっても異なるであろうが，基本的な単位は決めておく必要があろう。

(2) 電子図書館における情報の基本単位

前項に紹介（引用）した図書の基本単位の図（4-2図）では，最小単位を本文（頁単位，パラグラフ単位）としているが，この考え方に従って，情報を取り出すことができるようにしておけば，特定のテーマに関する本文の該当部分だけでなく，そこに掲載されている図表・写真・絵なども，それぞれを基本単位とすることができる。

伝統的な図書館では，図書（単行書）は1冊単位でなければ情報の基本単位として扱うことができなかったが，電子図書館では，要求する最小単位ごとに取り出すことができるので，利用者にとっては大変便利である。

情報の基本単位は小さければ小さいほど便利であるが，その情報全体の中でどのような位置づけになっているかを考えることも必要である。その際に参考になるのが，文書館学における記録史料の階層構造（4-3図）である。特に史料の出所・組織と文書の単位・形態の階層が役に立つ。

(3) 電子図書館のもつべき機能

さらに，電子図書館のもつべき機能に関しては，長尾真は，次の6項目を挙げている[1]。

(1) 図書資料収集

---

1) 長尾真：前掲書 p.85．

5. 電子図書館の可能性

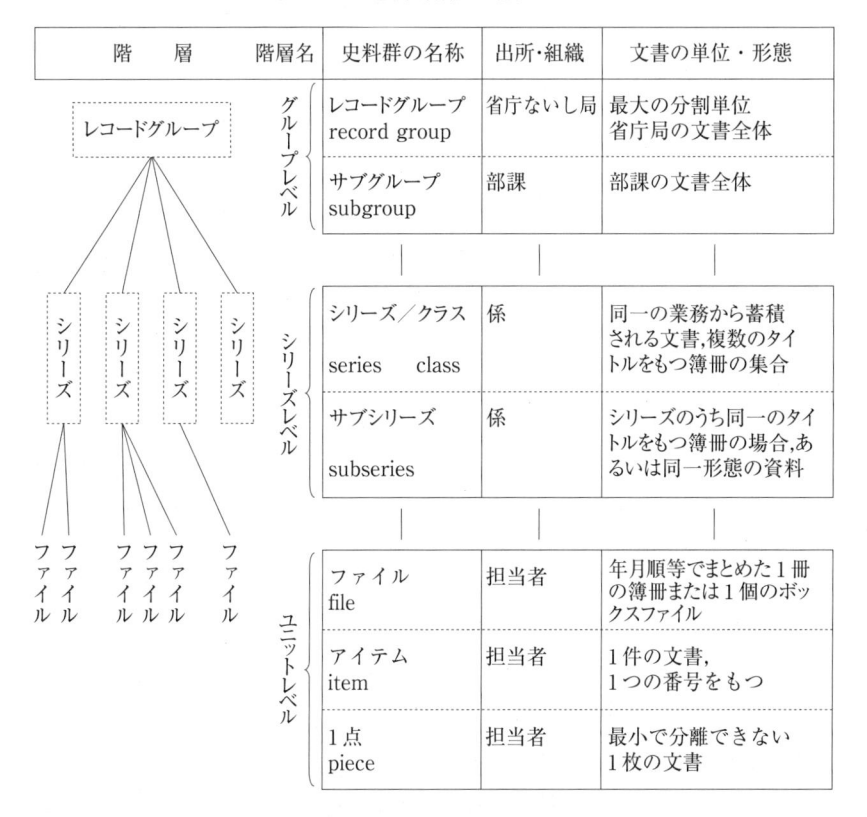

階層	階層名	史料群の名称	出所・組織	文書の単位・形態
レコードグループ	グループレベル	レコードグループ record group	省庁ないし局	最大の分割単位 省庁局の文書全体
		サブグループ subgroup	部課	部課の文書全体
シリーズ	シリーズレベル	シリーズ／クラス series　class	係	同一の業務から蓄積される文書,複数のタイトルをもつ簿冊の集合
		サブシリーズ subseries	係	シリーズのうち同一のタイトルをもつ簿冊の場合,あるいは同一形態の資料
ファイル	ユニットレベル	ファイル file	担当者	年月順等でまとめた1冊の簿冊または1個のボックスファイル
		アイテム item	担当者	1件の文書, 1つの番号をもつ
		1点 piece	担当者	最小で分離できない 1枚の文書

4-3図　記録史料の階層構造
(出典)『文書館用語集』大阪大学出版会　1997　p.145.

　電子図書館の時代になっても,冊子体で発行される図書資料はそれほど減らないであろう。このような現在と変わらない出版物や灰色文書を電子出版物と一緒にして電子図書館へ取り込む方策の解決をはかることは大きな課題である。その他に,灰色情報に近いものとして,インターネット上に公開あるいは刊行された出版物(文献)も増加することが予想されるが,これらの収集方法も問題になる。電子図書館がインターネット上の所在情報を管理するという方法も考えられるかもしれない。そして,これらのあらゆる媒体を含む出版物の発注・納品などの管理をどのように行うか

が基本的な課題である。

(2) 図書資料データベース管理

電子化されていない出版物のデータベース化は，改めて行わなければならない第一の作業である。少なくとも書誌事項，目次，抄録などはコンピュータに入力する必要がある。できれば全文を入力することが望まれるが，新刊書は可能だとしても，過去の出版物をすべて入力することは難しい。

データベース化された一次情報はすべて一括管理され，図書資料の一次情報データベースが分野別，メディア別（図，絵画，音，文字など）に取り出して利用することができるようになる。

また，これら一次情報をもとにした二次情報データベース，さらに二次情報をさらに圧縮した三次情報データベースを作成し，管理することが電子図書館の業務の中心となる。

(3) 図書資料情報サービス

電子図書館に収集した図書資料ならびにデータベースを使って，参考図書データベース，所在情報データベース，情報探索機能，対話機能，翻訳機能，催物案内などの情報サービスを提供する。

(4) メディア変換サービス

電子図書館が有する情報と人材と施設・設備を使って，翻訳機能，自動朗読機能，点字文字変換機能などのメディア変換サービスを提供する。

(5) 電子読書サービス

辞書参照機能，翻訳機能，朗読サービス機能，情報探索機能，対話機能，付箋機能，メモノート機能などを利用して，情報弱者に対する読書サービスや朗読サービスを電子的に，あるいは電話やファクシミリを通じて，さらに直接サービスも含めて提供する。

(6) その他の機能

ネットワーク接続，利用者個別サービス，24時間サービスなどが容易に提供できるようになり，専門家に対する図書館サービスも徹底して，きめこまかく行われることが期待される。

(4) 具体例としての電子図書館〈アリアドネ〉

電子図書館の具体例としては，試験的に運用されているものであるが，「アリアドネ」という名称の電子図書館が稼動している。これを石川徹也が3項目にまとめているので，その概要を次に紹介する[1]。

(1) 電子図書館の意義

従来型の図書館では出来なかったサービスが可能になる。それは，① 24時間いつでも必要な文献の全文を手元に取り寄せて読むこと，② 情報やデータを直接検索して入手すること，③ 世界規模の情報源から収集すること，という3点であり，これが電子図書館の意義であり，利用者から期待されていることである。

(2) アリアドネの機能

5項目のコンセプトを掲げて開発している。① ディジタル化してあるため，フルテキスト検索が可能である。② ネットワーク化されており，世界規模で文献の全文が利用可能である。③ インタラクティブ化されていて，利用者の個々の要求に応じることができる。たとえば，機械翻訳による読書支援，あるいはメモ記入システムなどを使った創造開発支援など。④ マルチメディア化，すなわち図表，写真などが容易に，しかも高品質の画像で取り込める。⑤ スケーラブル化，すなわち，どこの蔵書や情報であっても利用が可能であり，しかも多様な機器に対応し得るシステムである。いつでもどこでも，必要な情報を入手できるようになることをスケーラブルという。

(3) 電子図書館の課題

電子図書館は，現在開発途上なので，次のような，いくつかの課題をもっている。① 遡及テキストをデータベース化する必要性とその実現のための問題。著作権，コスト，時間，出版者と図書館，入力工場，費用負担など。② テキストの提供方式。有償化と課金方式，公立図書館無料利用の原則との抵触，家庭への提供方法，出版者からの直接提供など。③

---

1) 石川徹也：電子図書館が意味するもの（マルチメディア出版研究講座5）　マルチメディア出版研究会　1996　p.18－31.

ほこりをかぶらないようなシステムにするための方策。④ 高機能検索システム開発の必要性。

6. まとめ

専門資料は，これまでに述べてきたように，電子資料への変換が急速に進むことが予想される。1982年にランカスター（F. W. Lancaster）は，21世紀までの出版形態を次のように予測していた[1]。

(1) 西暦2000年までに，現存する索引・抄録サービスのうち，50％は電子形態のみで受け取ることになる。

(2) 現存する雑誌のうち，科学技術・人文社会科学の分野のものは，西暦2000年以降には，25％が電子化される。

(3) 1990年までに，現存する参考図書（レファレンス・ブック）の25％が電子化される。

(4) 1995年までに，新しく発行されるテクニカル・レポートの50％が電子化され，90％に達するのは西暦2000年以降になる。

この予測は多少進み過ぎている部分もあるが，2002年現在でみると，この予測に近いところまで来ている。しかし，試行段階のものも多く，電子形態のみで提供されている出版サービスは，予測ほどは多くない。今後はインターネットに代表される世界的なネットワークサービス技術と課金制度などの確立により，電子資料の割合が，特に専門資料を中心として，急速に増加していくことが予想される。なお，インターネットに関しては1997年6月時点での現状と課題を『情報の科学と技術』が「インターネットのおとし穴」という特集を組んで紹介している[2]。さらに，その後，電子資料との関連も含めて，多くの考察が行なわれている。

電子資料の増加は，「電子図書館の課題」（5.電子図書館の可能性(4)）に紹介したような，いくつかの項目への対応を迫られるであろう。図書館業務の拡大

---

1) 戸田光昭編著：情報ネットワーク論（講座情報と図書館第6巻） 雄山閣出版 1985 p.199－200．

2) 特集＝インターネットのおとし穴『情報の科学と技術』Vol.47, No 9, p.436－471．1997．

と業務の専門化がさらに加速していくことが予想される。そこで働く図書館員に求められる資質と知識・技能もさらに高度化していくであろう。

参考文献
(書名の50音順)

辞書解題事典　東京堂出版　1977.
辞書・事典総合目録　出版ニュース社　1961〜
紀田順一郎・千野栄一編：事典の小百科　大修館書店　1988.
情報学基本論文集Ⅰ　上田修一編　勁草書房　1989.
情報探索ガイドブック―情報と文献の森の道案内　勁草書房　1995.
長澤雅男：情報と文献の探索　第3版　丸善　1994.
書誌をつくる（上）（下）　日外アソシエーツ　1997.
書誌年鑑　日外アソシエーツ　1982〜
新学問のススメ(1)〜(3)（人間・社会・自然）　法律文化社　1987.
人文書のすすめ―人文科学の動向と基本図書　人文会　1993.
選定図書目録　日本図書館協会　1976〜（年刊）
全情報シリーズ　日外アソシエーツ（継続中）
小林康夫・船曳建夫編：知の技法　東京大学出版会　1994.
平野英俊ほか：図書館資料論　樹村房　1998.
津田良成編：図書館・情報学概論　第二版　勁草書房　1990.
津田良成：図書館・情報学の創造　勁草書房　1992.
20世紀文献要覧大系　日外アソシエーツ　1977〜
日本書誌の書誌　日外アソシエーツ　1984〜
日本の参考図書　解説総覧　第四版　日本図書館協会　2002
文科系文献目録　日本学術会議　1952〜
図書館用語辞典編集委員会：最新図書館用語大辞典　柏書房　2004.
全国学校図書館協議会参考図書研究ガイド編集委員会編：参考図書研究ガイド
　　3訂版　1992.

さくいん

い

医学　17
医学・薬学・歯学(辞典・事典)　131
一次資料(社会科学)　35
一次資料(人文科学)　26
印刷資料　153, 154
インターネット
　　　55, 156, 161, 164
インフォーマル(自然科学)
　　　54
インフォーマル(社会科学)
　　　43
インフォーマル・コミュニケーション(工学・工業)　59
インフォーマル・コミュニケーション(自然科学)
　　　49, 54, 56
インフォーマル・メディア　57

う，え，お

宇宙科学　17
エコール・ポリテクニーク　20
応用科学　17, 19
オフライン・データベース　152
オープンアクセス　55
オンライン・データベース
　　　152, 156

か

会議資料(工学・工業)　61
会議資料(社会科学)　37
会議資料(人文科学)　29
会議録(工学・工業)　135
会議録(自然科学)　106
会議録(人文科学)　29
化学　17
科学　7, 13, 20
化学(辞典・事典)　131
科学アカデミー　15
科学革命　14
科学技術　18
科学者　16
科学者の研究活動　47
学位論文(工学・工業)　66
学位論文(自然科学)
　　　54, 103
学位論文(社会科学)　37
学位論文(人文科学)　29
学会(自然科学)　15
学協会(社会科学)　98
学協会機関誌(工学・工業)
　　　137
学術・研究団体(社会科学)
　　　94
学術・研究団体(人文科学)
　　　75
学術雑誌(工学・工業)
　　　62, 137
学術雑誌(自然科学)　53
学術雑誌(社会科学)
　　　36, 40, 43
学術雑誌(人文科学)
　　　28, 33

学術雑誌の電子化　55
学術情報(社会科学)
　　　39, 41
学術情報の流通過程
　　　49, 50, 51
学術団体　40
学術図書(工学・工業)
　　　64, 139
学術図書(人文科学)　27
加工情報　57
カタログ　66
官公庁規格　141

き

機械工学　22
規格　140
規格情報誌(工学・工業)
　　　139
規格資料(工学・工業)　65
技術　20
技術開発　18
技術革新　18
技術情報　57
基礎科学　17
教育(海外資料)　91
教育(国内資料)　93
教育学　10
行政(海外資料)　91
共同研究　58

く，け

グレイ・リテラチャー(工学・工業)　61, 66
経営(海外資料)　89

経営学　10
経済(海外資料)　88
経済(国内資料)　93
経済学　10
芸術　4
携帯端末　156
研究者の情報生産性　39
研究報告書(社会科学)　37
言語　5
建設・建築工学　22
原著論文(自然科学)　99

こ

コア・ジャーナル(社会科学)　36
コア・ジャーナル(人文科学)　28
コア文献(社会科学)　45
工学　17
工学・技術
　　19,23,24,57,59,132
工学部　21
工学寮　21
工科大学　20
工業技術　21
行動科学　12
国際規格　140
国家規格　140
コンテンツ誌(工学・工業)　148

さ

材料工学　22
索引(社会科学)　37
索引(人文科学)　30,68
索引誌　29
索引誌(工学・工業)　144

索引誌(自然科学)
　　54,108,118-128
索引誌(社会科学)　38
索引・抄録(社会科学)　80
雑誌(自然科学)　54
雑誌(人文科学)　28
雑誌購読費　42
参考図書(工学・工業)　148
三次資料(社会科学)　35

し

自然科学　13,14,17
自然科学技術情報　46
思想　4
辞典・事典(自然科学)　130
自筆本　26
社会科学　7,8,10,12,79
社会科学各分野(海外資料)　85
社会科学各分野(国内資料)　91
社会科学者の情報利用形態　45
社会科学情報　35,39
社会科学の学問領域　10
社会学　10
社会学(海外資料)　86
社会学(国内資料)　92
社内規格　141
写本　26
宗教　4
出版　31
出版形態　164
出版流通　31,32
情報源(工学・工業)　57
情報源(自然科学)　53,54
情報源の変化　48

情報工学　23
情報サービス機関(社会科学)　94,98
情報伝達の過程　52
情報の基本単位　160
情報流通(社会科学)　43
情報流通(人文科学)　33
抄録(社会科学)　37
抄録・索引誌(工学・工業)　63,141
抄録誌　29
抄録誌(自然科学)　54
抄録誌(社会科学)　38
書誌(工学・工業)　146
書誌(社会科学)　38
書誌(人文科学)　30,68
書誌・目録(社会科学)　80
書目(人文科学)　68
人文科学　2,3,68
人文科学情報　2,26,30
人文科学分野　68
心理学　10
人類学　10
人類学(海外資料)　87

す,せ

数学　17
政治(海外資料)　87
政治学　10
政治・法律(国内資料)　93
生理学　17
専門雑誌(工学・工業)　137
専門事典(英文)(人文科学)　76
専門職　16
専門用語(社会科学)　9

た，ち

タイムラグ(社会科学)
　　　　　　　41,42
タイムラグ(人文科学)　33
団体規格　141
団体・人名情報源(社会科学)　82
地学　17
知識　20
地理　10
地理学(国内資料)　94

て

定期刊行物(社会科学)　85
データベース　152
データベース(社会科学)
　　　　　　　39
データベース化　162
データベース資料　152
データベース総覧(社会科学)　82
テクニカル雑誌(工学・工業)　139
テクニカル・レポート(工学・工業)　59,132
テクニカル・レポート(自然科学)　50,106
哲学　3
電気工学　22
電子雑誌(社会科学)　37
電子ジャーナル(人文科学)　28
電子情報資源(社会科学)　82
電子資料
　　　　　151,154,158,164

電子図書館　158,160,163
天文学　17

と

図書(社会科学)　36
図書・学術図書(人文科学)
　　　　　　　27
図書館(社会科学)　41
図書館(人文科学)　32
図書購入費　42
特許公報　137
特許資料(工学・工業)
　　　　　　　60,134
特許明細書　134
土木工学　22

な行

二次資料(社会科学)　35
二次資料(人文科学)　27
日本十進分類法　3,5
ニュース誌(工学・工業)
　　　　　　　63,138
農学　17
農学(辞典・事典)　132

は，ひ

パンフレット　66
非印刷資料　152
美術　4
百科事典(人文科学)　68
百科事典・辞典(社会科学)
　　　　　　　81
百科全書　20

ふ，ほ

ファクト情報　127
ファクト・データベース　153

フォーマル(社会科学)　43
フォーマル・コミュニケーション(自然科学)
　　　　　　　48,50,53
物理学　17
物理学(辞典・事典)　131
ブラウジング　54
プレプリント(自然科学)
　　　　　　　50,53
プレプリント・サーバー
　　　　　　　55
文学　6
文献(人文科学)　26
文献案内(社会科学)
　　　　　　　38,79
文献案内(人文科学)
　　　　　　　30,68
文献情報(自然科学)　48
法学　10
法律(海外資料)　90

ま

マルチメディア　156
マルチメディア新市場
　　　　　　　157
マルチメディア・データベース　153
見えざる大学　43,57
民俗学・文化人類学(国内資料)　92
目録(工学・工業)　147
目録(社会科学)　38
モノグラフ・シリーズ　29

よ

予稿集(人文科学)　29

り

リファレンス・データベース 153
リプリント(自然科学) 50
利用者研究(自然科学) 48
利用者研究(社会科学) 44, 46
利用者研究(人文科学) 34

利用者の情報要求 42

れ，ろ

歴史 10
歴史(国内資料) 94
レター誌(工学・工業) 62, 138
レター・短報(自然科学) 99

レビュー誌(工学・工業) 63, 138
レビュー誌(自然科学) 100
レビュー誌(社会科学) 38
ロイヤル・ソサエティ 15
論文誌(工学・工業) 62, 137

欧文さくいん

A　AD レポート　132
C　CD-ROM　151
　　CD-ROM 資料(人文科学)　78
D　DOE レポート　133
　　DVD　151
I　INIS レポート　134

J　J-STAGE　55
N　NASA レポート　133
P　PB レポート　132
R　RAND レポート　134
S　Science Citation Index　17
　　SPARC　55

シリーズ監修者

高山正也　国立公文書館館長
（たかやままさや）　慶応義塾大学名誉教授

植松貞夫　筑波大学教授
（うえまつさだお）

執 筆 者

戸田光昭（とだ・みつあき）
1935　東京都に生まれる
1961　慶応義塾大学文学部図書館学科卒業
　　　日産自動車㈱入社
1987　姫路独協大学附属図書館事務室長
1989　一般教育部教授，副館長
1994　駿河台大学文化情報学部教授
2006　駿河台大学名誉教授
主著『情報サロンとしての図書館』勁草書房，『情報管理入門　第5版』（編著）情報科学技術協会

澤井　清（さわい・きよし）
1966　学習院大学法学部卒業
1972　慶應義塾大学大学院文学研究科図書館・情報学専攻　修士課程修了（委託研究生）
　　　慶應義塾大学医学情報センター，防衛医科大学校図書館を経て
現在　宮城学院女子大学名誉教授
主著『講座　情報と図書館7：情報提供論』（共著）雄山閣出版，『図書館用語集』（共編）日本図書館協会，『情報検索演習』（共著）樹村房

金　容媛（キム・ヨンウォン）
1945　韓国ソウルに生まれる
　　　梨花女子大学図書館学科卒業
　　　慶応義塾大学大学院文学研究科図書館・情報学専攻博士課程修了
現在　駿河台大学文化情報学部教授
主著『図書館・情報学概論　第2版』（共著）勁草書房，『図書館・情報センターの経営』（共著）勁草書房

玉手匡子（たまて・きょうこ）
　　　慶応義塾大学文学部図書館学科卒業
現在　いわき明星大学非常勤講師

仁上幸治（にかみ・こうじ）
1952　東京都に生まれる
1975　早稲田大学理工学部卒業
現在　帝京大学総合教育センター准教授
主著『図書館広報実践ハンドブック』（共著）私立大学図書館協会，『図書館利用教育ハンドブック』（共著）日本図書館協会　ほか

新・図書館学シリーズ　8

改訂専門資料論

平成10年2月20日	初版発行
平成14年3月15日	第6刷
平成14年10月8日	改訂第1刷
平成22年2月24日	改訂第7刷
平成23年3月30日	改訂第8刷

著者Ⓒ　戸田　光昭
　　　　金　　容媛
　　　　澤井　　清
　　　　玉手　匡子
　　　　仁上　幸治

検印廃止　発行者　大塚栄一

発行所　株式会社　樹村房
　　　　　　　　　JUSONBO

〒112-0002　東京都文京区小石川5丁目11番7号
電　話　東　京（03）3868-7321代
ＦＡＸ　東　京（03）6801-5202
http://www.jusonbo.co.jp/
振替口座　00190-3-93169

製版印刷・亜細亜印刷／製本・常川製本

ISBN978-4-88367-075-8
乱丁・落丁本はお取り替えいたします。

樹村房

高山正也
植松貞夫 監修 **新・図書館学シリーズ**

＊は編集責任者　　（A5判）

1	改訂 図書館概論	＊植松 貞夫／寺田 光孝／薬袋 秀樹　志保田 務／永田 治樹／森山 光良	1,995円（税込）
2	改訂 図書館経営論	＊高山 正也／岸田 和明／村田 文生　加藤 修子／田窪 直規	1,995円（税込）
3	改訂 図書館サービス論	＊高山 正也／斎藤 泰則／宮部 頼子　池内 淳／阪田 蓉子	1,995円（税込）
4	改訂 情報サービス概説	＊渋谷 嘉彦／杉江 典子　大庭 一郎／梁瀬 三千代	1,995円（税込）
5	改訂 レファレンスサービス演習	＊木本 幸子／堀込 静香　原田 智子／三浦 敬子	1,995円（税込）
6	三訂 情報検索演習	＊原田 智子／小山 憲司　江草 由佳／澤井 清	1,995円（税込）
7	図書館資料論	＊平野 英俊／岸田 和明　岸 美雪／村上 篤太郎	1,995円（税込）
8	改訂 専門資料論	＊戸田 光昭／澤井 清／仁上 幸治　金 容媛／玉手 匡子	1,995円（税込）
9	三訂 資料組織概説	＊田窪 直規／小林 康隆／山崎 久道　岡田 靖／村上 泰子／渡邊 隆弘	1,995円（税込）
10	三訂 資料組織演習	＊岡田 靖／菅原 春雄／渡部 満彦　榎本 裕希子／野崎 昭雄	1,995円（税込）
11	改訂 児童サービス論	＊中多 泰子／宍戸 寛　汐﨑 順子	1,995円（税込）
12	図書及び図書館史	＊寺田 光孝／村越 貴代美　加藤 三郎	1,995円（税込）
	資料分類法及び演習 第二版	＊今 まど子　西田 俊子	1,995円（税込）

司書・学芸員をめざす人への 生涯学習概論	＊大堀 哲／中村 正之／村田 文生　高山 正也／西川 万文	1,995円（税込）
生涯学習・社会教育概論	稲生 勁吾 編著	1,890円（税込）
図書館学基礎資料 第十版	今 まど子 編著	1,050円（税込）
改訂 視聴覚メディアと教育	佐賀 啓男 編著	1,995円（税込）

新・図書館学シリーズ⑧
『改訂 専門資料論』
補遺（修正表・本文加筆修正）

樹 村 房

2011.5

[修正表]

(＊「下8行目」は下から数えて8行目を，「上8行目」は上から数えて8行目を示す)

頁	行*	修正（赤字が正しい）
101	下11行目	現在 Year Book シリーズは， → Year Book シリーズは，
101	下7行目	Mosby 社から発行されている。Mosby 社は世界的規模で発表された約1,000 　　→ Mosby 社から発行された。Mosby 社（現：Elsevier Mosby）は世界的規模で発表された約1,000
101	下1行目	2006年度は31セクション，31 → 2009年度は26セクション，26
102	3－1図	別紙1　（差し替え）
103	上15-16行目	アメリカでは3万5千人にも及んでいる。 　→アメリカでは3万5千人にも及んでいる。
103	欄外	1）*Year Book of Pediatrics*. Mosby., 2006. 　→1）*Year Book of Urology*. Elsevier Mosby., 2009.
104	上1行目	国立国会図書館所蔵博士論文目録　国立国会図書館　1989-1997. 　→博士論文目録：国立国会図書館所蔵　1989-1997.
104	下5－4行目	University Microfilms International 社（以下，UMI という。）の下記の資料が知られている。 　→ ProQuest（旧称 UMI：University Microfilms International）社の下記の資料が知られている。
105	上10行目	（現，UMI 社）→（現，ProQuest 社）
105	上14行目	UMI 社から → ProQuest 社から
105	下7行目	また，オンラインでは *Dissertaion Abstracts Online* という名称で， 　→また，オンラインでは *Proquest Dissertations & Theses* という名称で，
109	3－2 図	別紙2　（追記・修正）
112	下4行目	2）Sci Finder Scholar　1907- → 2）Sci Finder 1907-
113	上2行目	改良したのが Sci Finder Scholar である。→ 改良したのである。
115	上11行目	医学中央雑誌 CD-ROM 版　医学中央雑誌刊行会　1987- →（削除）
116	3－6 図	別紙3　（差し替え）

116	下5行目	年間およそ約90万件の抄録を収録している
		→年間およそ約100万件の抄録を収録している
116	下4行目	（2005年度版）→（2008年度版）

117	表	収録文献数　（件）
		135,000 → 171,000
		95,000 → 106,000
		122,000 → 146,000
		183,000 → 199,000
		91,000 → 104,500
		113,000 → 131,000
		64,000 → 78,500
		77,000 → 80,000
		59,500 → 69,000
		44,500 → 46,500
		43,500 → 51,500

117	上3行目	検索機能性がプラスされたコンセプトをもつシステムである。
		→検索機能性がプラスされたコンセプトをもつシステムである。（3－6図）

117	上4-8行目	一方，CD-ROMの『科学技術文献速報』も1996年から頒布されている。
		科学技術文献速報 CD-ROM 版1995年-（1996年）科学技術振興機構科学技術情報事業部
		近年，冊子体の『科学技術文献速報』購入者にはCD-ROM版が添付されるようになった。（3－6図）
		→CD-ROMの『科学技術文献速報』も1996年から頒布されていたが，2008年版（2009年3月）で販売終了。後継製品として，PDFに収録した『科学技術文献速報Web版』が提供されている。
		なお，冊子体の『科学技術文献速報』は，エネルギー・原子力工学編を除き現在も販売されている。

119	下3-1行目	しかし，データベースによる検索期間1950年以降の情報であるため，それ以前の情報については冊子体 Index Medicus にあたることになる。
		→データベースによる検索期間は1949年以降の情報であるため，それ以前の情報については，Index Cat：1880～1961

125	下2行目以下	(http://indexcat.nlm.nih.gov/) を利用するか，冊子体 *Index Medicus* にあたることになる。 我が国でも，日本版 *SCI* とも言える「引用索引データベース」(CJP) が，国立情報学研究所の前身「学術情報センター」により 1995 年作成された。 当初は，1992年以降の「理工学」分野の雑誌200誌から収録を開始したが，現在は「理学」「工学」「農学」，および「医学・歯学・薬学」と収録範囲が拡大，約1,600誌が収録されている。 CJP は単独のデータベースとして提供されてきたが，2005年度から CiNii に一本化され，現在に至っている。[2)] 2) 澤井　清：日本版 *SCI*「引用索引データベース」(CJP) オンライン検索30 (1/2) p.11-20,2009
127	上9-10行目	重要な新刊の単行本の目次も紹介されている。 　→重要な新刊の単行本の目次も紹介されていた。
127	上10-11行目	なお，ISI では利用者が Current Contents を見て原報が必要な場合には，送付サービスも実施している。 　→なお，ISI では利用者が Current Contents を見て原報が必要な場合には，送付サービスも実施してきた。
127	上11-15行目	現在 Current Contents は CD-ROM も発売され，冊子体の重要性は少なくなってきている。また，Current Contents の Web 版で質的にレベルの高い厳選された学術雑誌や新刊書および会議録の完全な目次，著者抄録，書誌情報を毎日更新して提供するデータベース Current Contents Connect も利用できる。 　→現在，Current Contents は Web 版データベース Current Contents Connect として質的にレベルの高い厳選された学術雑誌や新刊書および会議録の完全な目次，著者目録，書誌情報を毎日更新して提供。 さらに，一部の学術雑誌については，刊行前にその電子版から完全な書誌情報を収録している。
128		(削除)
130	下4行目	長倉三郎他　→　長倉三郎 [ほか] 編
131	上1行目	1) 岩波　数学辞典　第3版　日本数学会　岩波書店　1985. →1) 岩波　数学辞典　第4版　日本数学会編　岩波書店　2007.
131	上9行目	2) 標準化学用語辞典　日本化学会編　丸善　1991 →2) 標準化学用語辞典第2版　日本化学会編　丸善　2005.

131	上13行目	4）有機化学用語事典　古賀元ほか　朝倉書店　1990. →4）有機化学用語事典　古賀元［ほか］　朝倉書店　1990.
131	下11行目	1）医科学大事典　武見太郎　講談社　1982-83　51冊 →1）医科学大事典　武見太郎 編集主幹　講談社　1982-83　51冊
131	下5行目	3）医学書院医学大辞典　伊藤正男ほか総編集　医学書院　2003. →3）医学書院医学大辞典 第2版　伊藤正男［ほか］総編集　医学書院　2009.
131	下1行目	5）生化学辞典　第3版　井上圭三ほか編集　東京化学同人　1998. →5）生化学辞典　第4版　大島泰郎［ほか］編集　東京化学同人　2007.
132	上7行目	1）農学大事典　第2版　農学大事典編集委員会編　養賢堂　1991. →1）新編 農学大事典　山崎耕宇［ほか］監修　養賢堂　2004.

Efficacy of Selenium and/or N-Acetyl-Cysteine for Improving Semen Parameters in Infertile Men: A Double-Blind, Placebo Controlled, Randomized Study

Safarinejad MR, Safarinejad S (Shahid Beheshti Univ [MC], Tehran,Islamic Republic of Iran)
J Urol 181:741-751, 2009

Purpose.—We explored the efficacy of selenium and/or or N-acetyl-cysteine for improving semen parameters in infertile men, and the associations among semen quality and the concentrations of selenium and N-acetyl-cysteine in seminal plasma.

Materials and Methods.—The study included 468 infertile men with idiopathic oligo-asthenoteratospermia who were randomized to receive 200 μg selenium orally daily (selenium group of 116), 600 mg N-acetyl-cysteine orally daily (N-acetyl-cysteine group of 118), 200 μg selenium plus 600 mg N-acetyl-cysteine orally daily (selenium plus N-acetyl-cysteine group of 116) or similar regimen of placebo (control group of 118) for 26 weeks, followed by a 30-week treatment-free period. These patients provided blood samples for the measurement of serum testosterone, estradiol, follicle-stimulating hormone, luteinizing hormone, prolactin, inhibin B, selenium and N-acetyl-cysteine. Semen samples were also obtained for routine semen analysis, and the measurement of seminal plasma selenium and N-acetyl-cysteine.

Results.—In response to selenium and N-acetyl-cysteine treatment serum follicle-stimulating hormone decreased but serum, testosterone and inhibin B increased. All semen parameters significantly improved with selenium and N-acetyl-cysteine treatment. Administering selenium plus N-acetly-cysteine resulted in additive beneficial effects. A significant positive correlation existed between the seminal plasma concentrations

TABLE2.—Semen Parameters, Reproductive Hormones, Se and NAC in 26-week Treatment Period

Parameters	Se (105 pts) 26 Wks	P Value	NAC (105 pts) 26 Wks	P Value	Se + NAC (104 pts) 26 Wks	P Value	Placebo (106 pts) 26 Wks	P Value
Sperm count (10^6)	60.8±16.4	0.02	58.3±16.7	0.04	71.2±15.4	0.01	52.9±12.6	0.08
Sperm concentration (10^6/ml)	27.6±6.4	0.03	26.8±5.3	0.04	32.1±6.8	0.01	23.5±5.8	0.1
Ejaculate vol (ml)	3.2±1.6	0.02	3.4±1.7	0.03	3.4±1.6	0.03	2.8±1.3	0.1
Sperm motility (% motile)	26.1±2.9	0.03	24.8±2.9	0.07	29.2±2.9	0.02	22.9±2.2	0.1
Strict morphology (% normal)	9.2±2.9	0.03	9.2±3.1	0.03	9.3±2.9	0.03	7.2±2.6	0.1
Serum hormones:								
Testosterone (nmol/l)	20.1±7.9	0.04	20.1±7.9	0.04	20.9±7.8	0.03	17.4±7.4	0.1
LH (IU/l)	3.6±2.6	0.04	4.2±2.2	0.04	3.7±2.1	0.04	2.4±1.2	0.08
FSH (IU/l)	2.1±1.1	0.04	2.1±1.2	0.04	1.8±1.2	0.03	16.6±4.4	0.1
PRL (pmol/l)	348±110	0.1	339±117	0.1	343±115	0.1	346±112	0.1
Inhibin B (ng/l)	124±32	0.04	128±28	0.04	122±37	0.03	111±34	0.1
Se (μg/l) :								
Blood plasma	130.7±11.1	0.01	78.1±6.5	0.1	136.3±11.4	0.01	79.1±6.4	0.1
Seminal plasma	42.4±4.6	0.01	28.1±4.6	0.1	46.8±4.8	0.01	26.3±4.2	0.1
NAC (μM) :								
Blood plasma	10.1±0.9	0.1	18.8±1.2	0.01	18.5±1.4	0.01	10.0±0.9	0.1
Seminal plasma	3.6±0.31	0.1	6.4±0.8	0.01	6.6±0.8	0.01	3.9±0.35	0.1

(Reprinted from Safarinejad MR, Safarinejad S, Efficacy of selenium and/or N-acetyl-cysteine for improving semen parameters in infertile men: a double-blind, placebo controlled, randomized study. *J Urol.* 2009;181:741-751.)

3-1図　Year Book of Urology の記載例

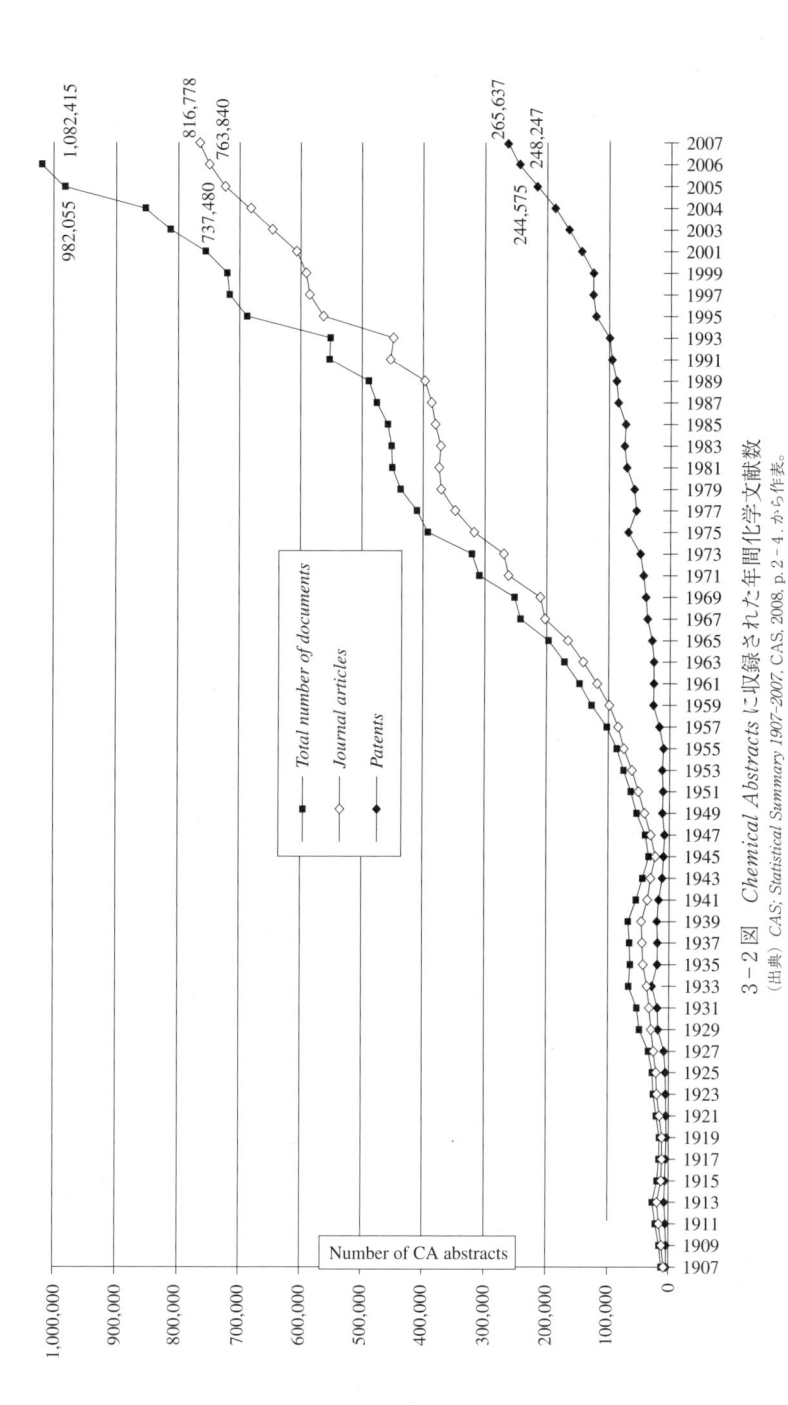

3-2図 Chemical Abstracts に収録された年間化学文献数
(出典) CAS; Statistical Summary 1907-2007, CAS, 2008, p.2-4. から作表。

—7—

■ 検索対象データベース
JSTPlus （ 22,025,870 件 2010.09.23 現在 最新レンジ：201024 ）
■ 検索条件

	著者名(*)	澤井清
AND	所属機関名/団体著者名	宮城学院女大

ヒット件数：2 件

ANSWER 1 OF 2 JSTPLUS JST COPYRIGHT

整理番号：09A0933425
和文標題：日本版SCI「引用索引データベース」（CJP）
英文標題：The citaion index database in the field of Japanese scientific literature
著者名：澤井清（宮城学院女大）
資料名：オンライン検索 JST資料番号：Y0765A ISSN：0286-3200
巻号ページ(発行年月日)：Vol.30 No.1-2 Page.11-20 (2009.03) 写図表参：写図7, 表1, 参6
資料種別：逐次刊行物(A) 記事区分：解説(b2)
発行国：日本(JPN) 言語：日本語(JA)
抄録：引用索引の定義、引用索引登場の背景、データベースの内容、検索方法、検索事例について報告した。引用索引の創始者であるガーフィールドは、引用している論文と引用されている論文の間には論理的な鎖が存在するとし、様々な紆余曲折の後に引用索引が刊行された。その特徴を述べるとともに、日本版SCIである「引用索引データベース」CJPが「学術情報センター」により1995年に作成された。その特徴と検索方法について述べ、検索事例として、引用著者名検索・所属機関名検索・刊行物からの検索・参考文献からの検索について解説した。
分類コード：AC06030D (002.5:007)
シソーラス用語：*引用索引, *データベース, 情報機関, 情報検索
準シソーラス用語：学術情報センター

3-6図　JDreamII